あなたのアイデアで特許をとろう！

ひとりでできる特許・実用新案取得のススメ

はじめに

私はギター演奏に使うピックという道具の新しい発明で特許を取りました。ギターを弾く人ならわかると思いますが、三角形の厚さ1ミリ程のセルロイド板で作られた、手の平に乗る、これ以上ないというシンプルな道具です。このセルロイド板の形を変え、今までにないギターの音を作り出す道具に進化させました。

最初の目標は自分のアイデアを特許という強力な権利にすることでした。金儲けを目論んだことは言うまでもありません。特許という目標を達成した時に、当初は予期していなかったことが起こりました。

家族や同僚、知人といった周りの人たちの私を見る目が変わったのです。

特許を取得したことを自分の周りの人に伝えると、とても驚かれました。そして『え？ 特許取ったの？』とか『すごーい！』『頭いいんだ』などの称賛の言葉を貰いました。もちろん私はいい気分でした。

次いで私に向けられた言葉は『お金かかったでしょう？ 幾らかかったの？』でした。

私は正直に「一件について2万円くらいかなあ。特許3つと実用新案2つを取ったけど、全部で10万を少し超えるくらいだと思う」

私の返事は、その場に居た人たちを困惑させたようです。彼らは一様に信じられないという表情を浮かべていました。

私自身は、彼らの当惑の理由がわかっていました。特許を取るということの素晴らしさとは別に、特許はお金がかかるという固定概念が根強いものであることを知っていたからです。

彼らとのやり取りは続きます。『あなたは弁理士なのか?』「いいえ」『そんな安い料金でやってくれる弁理士がいるのか?』「いいえ、弁理士には頼んでいません」『じゃあ、どうしたんだ』「全部自分で書類を作って出願し、その後の手続きも自分でやりました。さっき言ったように、5件を権利化しましたが、打率10割です。5件の出願で、全部権利化しました」もう、会話になりませんでした。彼らにとって私が話すことは異世界の物語のように感じたのでしょう。

これ以降私はどうやら一目置かれる存在になったようです。何事につけ人から相談されることが増えました。すんなり応えられることもあれば、私にはお手上げで何の役にも立てないこともありました。

しかし、これだけは言えます。私を取り巻く人たちの中で、私という存在はそれまでのポジションが変わったのです。正直、このことは快感です。

私自身にも変化がありました。自宅の壁には取得した3件の特許証と2件の実用新案登録証が額に入れて掛けてあります。白状しますが私は凡人で、額に入れて飾れるような表彰状や感謝状などを頂いたことがありません。

この5つの証は私にとって愛おしい、かけがえのない存在です。自分だけがそれを作り出すことが出来た誇りと、他の人が出来ないことをやり遂げた達成感があります。同時に、それを見るたびに自信とやる気を呼び起こしてくれる人生の糧となるものです。

この本では誰でも自分のアイデアを特許にすることができ、かつお金をかけずに、最短の時間で権利にしていくノウハウを書きました。

何事にもコツというものがあります。このコツを押さえてノウハウを身に付ければ、難しいと言われる特許の手続きも、全部自分ですることができます。手に負えない難しいものではありません。

かくいう私は、弁理士ではありません。どこにでもいる普通のおじさんです。現在50代の半ばを過ぎ、社会人としては二流で、さしたる特技も無く、多くの人がそうであるように、辛い人生を送ってきました。

決して勝ち組ではありませんでした。その日のお米に困ったことも一度や二度ではありません。いくつかのアイデアを特許にしたくても、弁理士という専門家に頼む為に必要なお金は作れませんでした。

しかし、粘り強さだけはあったようです。そこで、必死で勉強したのです。一般的には作成が難しいとされる出願書類や中間手続きも、全部自分で書類を作成し、前述の特許と実用新案を取得しました。

本気になって探せば拾う神はたくさん見つかります。日本弁理士会が行っている無料相談もその一つです。他にも昨今の国家的知財戦略によって、様々な行政によるサポートを得ることができます。この本の中ではそれらをできるだけ紹介しています。

中には聞いたことも無いような部署や窓口があるかもしれません。かつての私と同じように、自分で特許取得にチャレンジしようとする方は、こういったサービスをフルに活用することをお勧めします。

特許は物に対して、あるいは製造方法に対して、あるいはその使い方に対して、更にはビジネスモデルに対して、それが新しいものであり、従来よりも進歩している内容であれば取得できます。

素晴らしいアイデアが浮かんだら、物の形に具体化することを目的に試作品を作りましょう。見た目や出来栄えは後回しです。たとえそれが複雑な物であったとしても、最も単純化した試作品を作ることをお勧めします。その試作品が実用に耐え、且つこれまでどこにも無い進歩したものであると確かめたら、迷いなく特許出願です。

貴方のアイデアが世界の人々の役に立つ瞬間がそこまで来ています。

もくじ

第1章

学校では教えてくれない
特許の世界
基礎編

1

実は身近なものなんです…特許のいろは

特許って誰がやっているの?

特許って難しそうじゃない?

多くの人がそう感じるようです。確かに、特許庁のホームページで参照できる様々な出願の明細書には独特の表現が使われたりしますし、様々な業界や職業の専門用語が飛び交い、畑の違う人たちにはさっぱりわからないという現象はよくあることです。そして、こういった理解できない文章に出会うと私たちは混乱し、ひどいときには頭がクラクラしてきます。文章の意味を読み取るどころではなくなってしまいます。

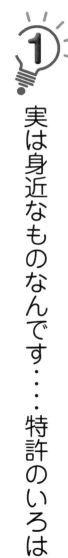

しかし、特許庁のデータベースにある過去の出願をあれこれ検索してみると、一般的な用語を用いてわかりやすく書かれているものもたくさん発見できます。別に特許専用の言語があるわけではなく、読む人がその内容を理解できればそれでいいのです。

もちろん特許庁という役所に提出する書類なので、書類の書き方は厳格に決められています。でもそれは文章を難しく書かなければいけないものでは決してなく、新聞記事や雑誌に書かれているような、誰にでも理解できる、わかりやすく内容がきちんと伝わる文章であることが求められているのです。

ここで、書類の点は一端置いて、一体どんな人たちが特許を出願しているのか考えてみましょう。

まず発明家と呼ばれる人たちがいます。有名なところでは発明王エジソンや日本のドクター中松、豊田佐吉などもそうですね。彼らは職業発明家と言えるでしょう。一体どんな脳ミソになっているんでしょうか。

その次に理系の学者や大企業の研究所に勤務する人たちも、特許出願は仕事の一部と言えるでしょう。

その他には独自の技術で高い信頼を得ている企業があります。従業員30人規模の中小企業でも、保有する特許技術で他のライバルを寄せ付けない、すごい会社が多くあります。そんなすごい人たちや会社がひしめく、特許という土俵に割って入るのは腰が引けますか？

もし、あなたが専業主婦の10年選手なら、あなたの職場である台所や掃除するお部屋、買い物先、普段使っている道具といった事柄で、素晴らしい発明の機会に接しているのです。

もしあなたが会社員で、電車で会社に通勤し、書類を書いたり、計算をしたり、パソコンを使っていたり、気の合う同僚とランチに出かける日常を送っているのなら、そこにこれまで誰も生み出せなかった発明のチャンスが転がっています。

もしあなたが小学生の女の子のお母さんなら、娘さんの学校と遊びと学習塾やお稽古事の毎日の中に発明の芽がひっそりたたずんでいます。

これは大げさな話ではありません。実際十数年前に小学生の男子が発明をし、これをお父さんが息子さんの名前で出願して特許を取得したニュースが伝えられました。

その特許の内容は、雨の日に、店舗の来店客が帰り際に自分の傘を忘れていかないように、お店から出るときに「ああ、そうだ。傘を持って帰らなきゃ」と気づいてもらう装置です。

誰でも行きは雨が降っているので傘を持って出かけるのですが、帰りに晴れているとつい持ってきた傘を忘れて帰ってしまいますよね。実際忘れ物ランキングのトップは場所にかかわらず傘なのだそうです。男の子の発明は、実に鮮やかな方法で傘を「思い出させる」装置でした。

貴方の周りは特許で一杯

あなたの周りを見渡してみましょう。身近な物として携帯電話を取り上げてみます。片手に乗るこの小さな箱にどのくらいの特許が詰まっているでしょうか。おそらくは何百という数に上るでしょう。

パソコンやそこで使われるアプリケーションも特許のかたまりです。任天堂のゲーム機なんて、どのくらいの特許が使われているのか、想像もできません。あなたの周りの便利なものはいわば特許の集大成なのです。

単純な作りの物にも多くの特許があります。誰もが使う鉛筆。書く側の反対に消しゴムが付いているものがありますね。今では特許の期間は終わっていますが、登場した当初は特許でした。

ペンを持つ手は利き手が多いでしょう。鉛筆で書いた文字を消す作業を行う消しゴムを持つ手も、多くは利き手です。それまで、持っていた鉛筆を置き、消しゴムに持ち替えて行っていた作業を、消しゴムがある側にくるりと向きを変え、消すことが出来る。消し終わったらまたくるり。作業のロスを少なくした画期的な発明だったと言います。

鉛筆は複雑な機械などではありません。周りの塗装や印刷を除けば、使われている材料は木材と炭素棒だけ。これ以上ないというシンプルな道具です。形も一直線の棒形状。それが、共に使うことの多い消しゴムという道具を取り付けるだけで特許になるのです。

何が言いたいかわかりますか？　特許は難しく、複雑で、高度な、最新鋭の、新素材の、あるいは研究室の顕微鏡で覗《のぞ》かなければ見えないような、逆にスーパーカミオカンデのような建設費用が幾らかかるかわからないような、大掛かりな装置や構造式の世界だけのものでは決してありません。その人その人の、日常の中で繰り返し使われる道具が立派な特許の材料になります。私が取得した特許もそうでした。

私は趣味でギターを演奏します。決して褒められた腕前ではありません。しかしそこに特許になる種が落ちていました。

特許情報プラットフォームを調べてみよう

実際に特許について見ていきましょう。インターネットの検索サイトを開いてそこに特許情報プラットフォームと打ち込んでみます。

すると『特許情報プラットフォームJ-Plat Pat』というページが上位表示されます。細かいことはともかく、まずはこれをクリックし、出てきたページの検索左側に『特許・実用新案を探す』があることを確かめて、右の検索窓に試しに「傘」と入れて検索をかけてみましょう。この原稿を書いている2018年3月の時点でヒット数だけで何と2万9318件登場します。

この検索で引っかかった内容は、これまでに特許あるいは実用新案で出願された書類中に「傘」の文言を含んだ文献です。ということは、出願内容は傘に関する内容ではないものも引っかかっています。

さらにこのページでは文献は3000件単位でしか表示できないので、内容を絞り込む必要があります。

そこで網掛けの作業をします。キーワードを二つ足して傘その物の出願と、例えば「雨の日に安全である」ことを特徴とする傘を選び出してみましょう。検索窓の「傘」の文字の後ろに一文字分スペースを空けて「安全」と入力し、さらに「雨」と入力して検索ボタンを押します。

すると先ほどの2万9318件の件数から262件に絞り込まれました。ここでページにある『一覧表示』のボタンを押します。そして、そこに現れたものは・・・。

何やら、怪しげな物も出てきますね。人が使う雨傘や日傘以外の物も出てきますが、これは機械部品などで「傘」と表現されるパーツや役割の物も文言として引っかかるためです。

そういった他の技術分野を排除したとしても、たくさんの特許・実用新案出願を見ることができます。内容も面白いですが、中には「本当に大真面目で出願しているんだろうか？」と考えてしまうものもあります。

これが特許の世界の特徴です。特許とはそれまでになかった新規性・進歩性のある技術であるため、一見すると「何じゃこりゃ？」と感じるものが多くあります。出願されている内容は技術の根本であり、まだ製品化に必要なデザインや素材の選定といった事柄は表現されていない状態であることを考慮しなければなりません。

ここにあるものは基本技術が特許性のある物かどうかを問い合わせている書面に過ぎないのです。ここにある基本技術を元に製品のアイデアを膨らませ、洗練されたデザインに至っとき、思わず『ワォ！』と叫びたくなるような素晴らしいものが出来上がってくるというわけです。

こんなものまで特許になっているなんて・・・

身近な道具が特許になっている例を見てみましょう。特許情報プラットフォームの検索窓から「スパゲッティ」と入力して検索をかけると293件ヒットします。これを一覧表示させ、『特許公開2005-036953』をクリックしてみてください。

発明者の許可を得て、ここに紹介します。この発明はスパゲッティ(多くは乾麺で、針金のようにまっすぐな状態で売られています)の計量を行うとともに、その日に使わない残ったパスタを袋ごと挟んで保管することが出来る優れものです。

従来からスパゲッティのパスタを一人前計量する器具はいくつもありました。多くは適量に応じた穴の開いた板状のものにパスタを通して計量するというものでしたが、残ったパスタを保管する際はパスタと計量器は別々になってしまい、後日再び計量するときは、計量器を探して台所の引き出しを漁《あさ》ることが多くありました。

この発明の優れた点は、計量を終えた後に袋に包まれた残りのパスタを袋ごと挟んで保管し、パスタと計量器が一緒になって保管されることです。さらに衛生面でも、計量を超える使わないパスタには一切触れることなく計量を終えることができる点も優れています。

また、計量に要する時間も穴に適量を通して行う作業よりも短時間で済むでしょう。台所での「あったらいいな♪」の典型的な発明です。

画面上の右側に図がありますが、ここに示されているのは複数ある説明図のうちの代表図です。全部で九つある図のそれぞれを参照してみてください。この発明の全体像が容易に理解できると思います。

私事で恐縮ですが、私はシングルパパとして台所に立ちます。パスタ料理は家族全員が好物なのでよく作ります。なのでこんな道具があればとても便利でしょうし、欲しくなります。

日頃何気なく使っているパスタ計量器が、こんなすごい発明に変身するのです。「やられた！」という感じですね。

さて、この発明は特許になったのでしょうか。図がある画面のまま画面右上の「経過情報」ボタンをクリックし、出てきた画面で確認することができます。『基本項目』タブの『出願細項目記事』の中に『査定種別（登録査定）最終処分（登録）最終処分日（平21・7・10）』とあり、（登録番号）最終処分（登録）と書かれていることで、この出願が特許になっていることを意味しています。

さらにこのページでは、発明人と出願人も確認できます。ここに弁理士の名前があれば、この出願は依頼を受けた弁理士が書類を作り、出願その他の手続きを代行したということになります。

しかし、ここには弁理士の名前はありません。発明人本人が書類を作り、図を作成し、そして出願して、特許査定までの手続きを行ったことをうかがわせます。

この発明は、商品名『パスタメジャー〝スパっとゲット〟』として商品化されました。ダイヤコーポレーションから発売されました。

こんなに出願されている 日本は特許出願大国

いったい日本国内の、それも個人がどれくらい特許出願をしているか、統計資料を見てみましょう。

特許庁が毎年発行する『特許行政年次報告書2017年版』の統計・資料編の「出願人別（個人・法人・官庁別）出願件数表」によると、特許出願に関して2016年の（平成28年）の出願件数31万8381件中、法人や官庁による出願を除いた個人による出願件数をみると、8398件となっています。

このうち119件は外国語書面による出願ということなので、これも差し引くと8279件は個人の日本語書面による出願ということになります。

同じ人が何件も出願しているとしても、1年間に延べ8000人に及ぶ個人が果敢に特許にチャレンジしている現実をあなたはどう捉えますか？

世界一の知財大国であるアメリカはどうかというと、まさに国家的知財戦略と言えます。

アメリカの国策で『プロパテント政策』という名前を聞いたことがあると思います。国際競争の決め手として、国を挙げての知的財産への戦略的取り組みを行った国策です。

1985年の「ヤング・リポート」においてプロパテント政策を打ち出し、企業や大学の知的財産の創造と保護を強力に推進したことで、情報通信技術（IT）やバイオテクノロジーに代表される技術革新に基づくビジネスで世界経済をリードし、空前とも言われる好景気の原動力ともなりました。

実際、アメリカではこのような国策の中からマイクロソフトやアップルといった、国を代表する企業が登場してきました。現在でもアメリカは、この国策をより推し進めているようです。

私はアメリカの伝統である開拓者精神の表れと捉えています。個人による出願を奨励し、更にはビジネスに結び付くよう、積極的に支援する土壌がアメリカ社会にはあります。興味のある方は、アメリカの個人による特許出願事情を調べてみるとよいと思います。

日本においては２００２年12月に「知的財産基本法」が制定され、その後様々な取り組みにより「知的財産立国」に向けた集中的な取り組みが行われています。この本でも紹介する行政や団体による様々な相談窓口やサービスは、この日本の「知的財産立国」という国策によって行われているものです。

2 気をつけよう！　特許の特徴

起業する人は要注意

昨今はデフレや不景気を反映してか、再び起業がブームになっています。サラリーマン向け雑誌などで「週末起業」なんて言葉も使われています。政府が推進する「働き方改革」にも、「労働者の健康確保に留意しつつ、原則副業・兼業を認める方向で、副業・兼業を普及促進」との方針が出されました。

ご他聞に漏れず、私も勤めていた民間企業をスピンアウトして起業したのですが、私はかねてから起業するときはいくつかの特許権を取得してから起業することを決めていました。

その理由は、別に特許が格好いいからとか、「私は優秀なんだ」と人に自慢したいからでもありません。それどころか、もっと切実な理由でした。それは、起業するからには潰れるわけにはいかない……という、至極当たり前の理由です。

あなたが何らかのビジネスのアイデアを持ち、そのアイデアを実現させることで起業するとします。それが製品でもサービスでも何でも同じなのですが、同じ内容で既に他の誰かが特許などの権利を取得していたなら、たとえそれが市場で実施されていなくても、あなたは窮地に陥ります。

こういった知的財産権には排他的独占権があります。つまり実施にあたっては権利者が決定する権利を持つという、大変強力な権利だからです。そのアイデアや製品、デザインを実施することができるのは権利者だけなのです。

権利者でない人が実施するためには、権利者の許可を得なければなりません。こういったことを知らないままに起業し、幸いにもあなたの商売が繁盛して万人の知るところとなったとき、突然権利者が現れ（多くは内容証明郵便などで通知してきます）製品やサービスの取り扱いをやめるように求めてきます。

場合によっては権利者の利益を侵害したという理由で損害賠償を要求されることもあります。理不尽な話です。ここまで頑張って売り上げを伸ばしてきたのは、あなたの努力によることは明らかなのに、権利者は様々な法律を盾にあなたに要求してくるのです。

そして権利者の主張が正当であれば、あなたに勝ち目はありません。あなたには「許可なく製品やサービスをコピーした模倣業者」というレッテルが貼られ、その結果苦労して獲得した顧客や金融機関からの信用を失ってしまうことにもなりかねません。

あなたが売り上げを伸ばせば伸ばすほど、努力が実れば実るほど、このリスクは増大していきます。これをリスクと呼ばずに何と呼ぶのでしょう。

私は別に「起業するなら特許を持ちなさい」と言っているわけではありません。目的や内容に応じて特許やその他の知的財産権を持っているに越したことはありませんが、それよりも、起業の際には前述のリスクに対する備えが必要だと言いたいのです。

『敵を知り、己を知れば百戦危うからず』とは孫子の言葉です。この教えは起業の準備にもそのまま当てはまります。この場合の敵とは、既に権利を持つ権利者であり、その権利の内容です。己はあなたが扱う製品やサービスがこれに相当します。

あなたの製品やサービスの実施は、既にある権利に抵触していないでしょうか。特許情報プラットフォームを駆使して徹底的に調べることをお勧めします。リサーチで大切なことは、人任せにしないことです。あなたのビジネスを一番知っているのはあなた自身です。あなたの重要な仕事の領域と定義しましょう。

万が一抵触する権利があるときは、孫子の言葉の通り『敵』、つまり権利の内容を全て理解できるまで調べ尽くしましょう。次はこれと比較してあなたのビジネス、製品やサービスの内容の何が抵触しており、どこが異なっているのかを、微に入り、細にわたって検証してください。

「そんな面倒なことをやっている暇はない」とお考えのあなた。ここでも拾う神がいます。あなたが特許情報プラットフォームで見つけ出した他の権利を持って行って、相談することができます。日本弁理士会が実施している無料相談制度を利用すると、相談に乗ってくれます。

プロの見解を聞くことができ、あなたに必要な行動をアドバイスしてくれるでしょう。内容によっては、あなたの製品やサービスのアイデアを、特許やその他の強力無比な権利にすることができると教えてくれるかもしれません。

著作権では守ることはできない

一昔前、「アイデアを発明にするために、難しい特許出願ではなく手続きが簡単な著作権登録で守ろう」と提唱した考えがありました。何冊かの著書も刊行されていたと思います。

結論から言うと、このような行動であなたのアイデアを発明扱いにしたり、特許などの他の権利と同等に渡り合うことはできません。

後述しますが、著作権とは創作物を登録することで、他の人が使用の際に許可を求めることができるようになる権利のことを言います。著作や雑誌などの出版物、レコードやCDなどに録音という形で固定されて出版される音楽の歌詞やメロディ、写真、絵画やスケッチ、設計図などがこれに当たります。

本や設計図自体は紙という物質ですが、紙は蔡倫による発明以来ずっと使われている公知の物質なので、この場合、物質に対する権利はありません。レコードやCDも同様です。

著作権は、本の中で述べられている文章、設計図に書かれている線や数字、記号などによって表現される創作物を我が物と主張できる権利なのです。

さきに触れた提唱は、「アイデアが浮かんだら、書きだしたメモやスケッチを著作権登録することで、そのアイデアは特許における発明と同様に守られる」と主張していました。具体的には、製品の仕様書や取扱説明書、但し書きなどを登録しなさいと言っていたのです。

これらを著作権登録することは決して無駄ではありません。むしろ競争の激しい今の世の中ではこういった行動が有効であることも考えられます。

しかし、この件については特許庁および文化庁（著作権登録を管轄する省庁）から正式に通達が出されており、「著作権登録したからといって、その内容が特許における発明とはならない。特許権と同等の権利行使はできない」との見解が出されています。

公立図書館などでは、これらの著作が古い蔵書として特許関連の棚に並んでいることがあります。適法、違法、あるいは違反といったことではありませんが、誤った考えであなたの努力が水泡に帰すことがないように、あえて触れました。

3 発明って、どういう物を言うの？

特許法という法律

さて、そもそも発明とは何でしょう？ 広辞苑を引くと発明とは「機械・器具類、あるいは方法・技術などを初めて考案すること」とあります。つまり人間社会において人の役に立つ、それ以前には存在していなかった装置、物、使い方、仕組みのことであると解釈できるでしょう。

これに対し、これまで未知だった生物や物質、性質などを見いだした場合は「発見」となります。

特許の制度は、発明において「作り出した」ことが決め手になる評価制度と言えます。つまり、それ以前には存在していなかった事柄を誰かが作り出した結果、作り出されたものは技術の発展であり、社会的に有用で、これを広めることは人類、社会に有益であるとする思想が根底にあります。

国家が技術評価をし、社会に広く普及することを後押しするために、特許権者には法律をもって製造・販売に関する独占権を与えるのです。普及させる考えはもっともだとしても、独占権については矛盾しているように感じるかもしれません。

しかしながら、国家側とすれば、「特許である」というお墨付きを持ってどんどん羽ばたきなさい、という姿勢の表れなのです。

これほどの強い権利を付与するわけですから、特許を認めるかどうかという審査は必然的にレベルの高い厳しいものになります。

出願された内容が特許として認められるかどうかの審査基準、考え方は特許法という法律に定められています。

新規性と進歩性

特許はそれまでに存在しなかった発明に対して与えられるものです。具体的には自然法則を利用した技術的思想の創作のうち「高度なもの」と定義されており、その判断材料は以下の4つの側面です。

◇新規性…それ以前に出願されたいかなる技術（特許庁にあるデータベース）、公知の技術（既にあるもの、これを先行技術、従来技術と言います）とも異なる新しいものであること

◇進歩性…先行技術、従来技術よりも進歩したものであること。前記の新規性を満たしていても、この進歩性を満たしていないと判断される場合は特許とはなりません。具体的には技術的、分野的に似通っていると思われる先行技術のいかなる取り合わせを持ってしても、それに携わる人が容易には想到できない（つまり簡単には思いつかない）、新しい「進歩した」技術であること

◇産業上の利用価値のあること

◇その他特許法及び関連法に違反しないものであること（出願書類に矛盾や間違いがなく、読む人が理解できる明確な表現であること、公序良俗に反するものでないこと、など）

これらのことから、どんなに素晴らしくても、特許にならないものも明らかになります。例えば、トランプを使った新しいゲームのルールなどは、自然法則を利用したものではないので特許の対象にはなりません。

また他の例として、永久に動き続ける永久エンジンもそうです。物理学上あり得

ないものは、それがどんなに立派な書類として書かれていても、特許にはなりません。

特許という権利にはいくつかの種類があります。ここで言う種類とは、独立した別々の権利のことではなく、特許は権利の範囲が厳格に決められることで、内容に違いがあることを言います。

ベークライト（Bakelite）という物質を例に挙げましょう。これは硬質プラスティックの一種で万年筆の持ち手の軸などに多く使われてきました。指で持つ黒くて硬いあの部分です。石炭酸樹脂という物質で、世界で初めて植物以外の原料より、人工的に合成されたプラスチックです。

ベークライトの一般名はポリオキシベンジルメチレングリコールアンハイドライドというものです（いったい何語なんでしょうか）。ベルギー生まれのアメリカ人化学者、レオ・ヘンドリック・ベークランドによって1907年に発明されました。

フェノール（石炭酸）とホルマリンによって作り出されました。フェノールとホルマリンの反応によってできる樹脂をフェノール樹脂と呼びます。この樹脂の発見は1872年まで遡りますが、工業化に成功したのはベークランドです。

ベークランドは特許を取得し、1910年、生産を目的にベークライト社を設立し、そのフェノール樹脂をベークライトと命名しました。つまりベークランドの特許は、物としてのベークライトではなく、工業化できる製法とそれによって作り出されるベークライトの特許なわけです。

この例から、特許の種類として物としての特許（それまで存在していなかった、新しく作り出された物）、製法特許（自然界には存在していたが、人工的に作れなかったものの製造方法など）という種類があるのがわかります。

さらに用途特許と呼ばれる種類があります。これはある物質に関してそれまで知られていなかった使用方法を見いだした場合などに用いられます。

例えば、胃腸薬として古くから使われてきたＸＹＺという植物があるとします。ある発明家は、この植物から抽出した成分を自分の足の水虫に塗ってみると、大変顕著な効果があることがわかり、その作用を解明し用途特許を出願することにしました。

この例は、それまで知られていた公知の技術であるものが、これまで試みられていなかった用途と使用方法で社会に貢献する技術を作り出したことによる用途特許の事例ということになります。

他には仕組みの特許があります。操作方法、分析方法または通信方法の発明などがこれに当たります。また近年、特許の種類の仲間入りをしたものに、ビジネスモデル特許があります。

特許だけじゃない！ 知財と呼ばれる様々な権利

①実用新案権

特許が「発明」を保護する権利であるのに対し、実用新案は同じ技術的思想のうちでもそれほど創作力を要しなくともよい、別名「小発明」と呼ばれることもある知的財産権です。

特許が実体審査制なのに対し、実用新案登録に際しては書類の内容を審査する「方式審査」だけで登録となります。先行技術との関係は出願者本人の判断と対処にゆだねられます。権利の期間は出願登録から10年です。

②意匠権

「意匠」とは、品物そのものの形状、物品の部分の形状、模様、色彩又はこれらの結合物です。視覚を通じて美観を起こさせるものを言います。次の要件が求められます。

◇工業上利用できるものであること
◇新規性を有していること
◇創作が容易でないこと

期間は登録の日から20年です。

③商標権

トレードマークや商品名などを占有して実施できる独占権です。方式審査を必要とします。期間は10年ですが、更新登録の申請を行うことにより、何度でも更新できます。

④著作権

物ではない、文学や音楽、写真や絵画、彫刻といった美術作品、芸術的な外観のある建築物、設計図、踊りや演技の「型」や「振り付け」など、創作物に対して付与される権利です。特許とは異なり、「新規性」を求められることはありません。

著作権は創作された時点で権利が発生しており、これを第三者に対して主張するためには文化庁に著作権登録する必要があります。著作権には著作隣接権と呼ばれる数種の権利があります。

これらの権利の中で注目なのは意匠権と商標権です。あなたが特許を取得し、これを製品化して事業を始めようとするなら、その製品に対し少なくとも商標権と意匠権を取得されることをお勧めします。

特に注目すべきなのは意匠権です。アメリカでは意匠権のデータベースは特許のデータベースと同じ中にあると言われ、その権利の強さは特許権に匹敵すると言われます。

今後日本の特許庁でも、意匠権の推進が図られるとか。弁理士の無料相談で特許の相談をするときに、ぜひ意匠の権利化について尋ねておいてください。

4 発明力は誰でも持っている

私にもできるかな？・・・・

読者の皆さんは「そんな難しそうなこと私にもできるかなぁ・・・・」と考えるかもしれません。できるかもしれないし、できないかもしれません。しかし、もしこういった取り組みとビジネスに興味が湧いたならやってみることです。

特許は特殊なものではありません。それどころか、始めると病み付きになるような魅力ある分野です。ポイントは、お金をかけずに取り組んで、特許になりそうなときに初めてお金を使う、ということです。

せこい話ですが、こと発明というものは、端からすると道楽か狂人の様に見られがちです。家庭の中で、あるいは職場でこのように変人扱いされないためには、当初は考えを巡らすことと試作品作りに専念して、できれば人の目に触れないように、

こっそりと始めるほうがよいと思います。

ためらっているあなたにお勧めの方法があります。現在では、知財戦略は国策です。経済産業省は一般向けに特許に対する相談窓口を設けています。同様に中小企業庁にも相談窓口があり、様々なサポート体制を敷いています。地方自治体においても、全てではないようですが、県庁庁舎内にこのような窓口を設けているところが多くあります。

お住まいの近くのこのような窓口を覗《のぞ》いてみてください。どんな部屋なのか確かめろと言っているのではありません。少し根気がいるかもしれませんが、入り口が見えるところでたたずみ、あるいは椅子に座って、そこに出入りする人たちを観察するのです。思った以上にたくさんの人が出入りすることに気づかれるでしょう。

私はかつてあちこちの窓口に相談に行っていた時に、こう感じました。出入りする人たちの皆が皆、特許の相談をしているかどうかはわかりませんが、一つだけ言えるのは、多くの人たちが、経済産業省や中小企業庁といった政府のお役所に頻繁に関わるような方々ではないだろうということです。

OLらしき女性、どこにでもいる家庭の主婦、定年退職をされたような初老の男性など、様々な人が出入りします。普通の方々が窓口に行き、特許なり何なりの相談をしており、しかも多くの方々が利用されています。

この一事だけを取り上げても、特許は一部の人の特殊なものではないことがわかります。相談のために出入りする私も、何も特別なことをしているわけではない。それどころか、特許の種や材料は、私たちの身近な日常にあるものだと考えざるを得ませんでした。

発明なんて、特許なんて私にできるかなあ…と思っているあなた、一度機会を作ってこの「偵察」をやってみてください。なんだ、私と同じような人がどんどんやっているじゃないか！という、安心感とやる気が湧いてきますよ。

ドクター中松の言葉

職業発明家であるドクター中松は、発明にとって重要なポイントを「一ピカ、二筋、三活き」と表現しています。

「一ピカ」はすぐにわかりますね。第一に、その発明に接したときに「ピカッ！」と光る何かがなければならない、ということです。言葉で表現するのは難しいですが、人間の反応として、思わず「オォ！」と叫んでしまう、あるいは唸《うな》らせてしまう要素です。

「二筋」とは、その発明が理論的に筋の通ったものでなければならない、ということです。言い換えると、自然法則にかなっており、内容を文書にして言葉や図で表現することができ、これを読んだ人が内容を理解できるものであることが必要です。

「三活き」とは、その発明が世の中で活きるものでなければならない、世の中の役に立つものでなければならないということです。独りよがりのものであっては発明とは言えない、ということでしょう。

5 様々な支援制度

お金がかからない親切な制度

現在では日本という国家を挙げて知財戦略が進められています。行政は中央省庁だけでなく、地方自治体にも様々な支援制度を実施しています。いくつかご紹介します。

まず、知財の専門家である日本弁理士会による無料相談制度です。弁理士は国家資格なので、通常相談は1時間5000円以上の費用がかかります。この費用を国の事業でまかなうことで、1時間の無料相談をしてもらうことができます。窓口は、各都道府県の弁理士会と発明協会、中小企業支援センターなどです。

年間で実施日が決まっており、予約制です。特許やその他の知的財産権に関することなら、内容や回数に制限はありません。どんどん活用されることをお勧めします。

ただし中小企業支援センターの場合は、事業を営んでいる個人以外は対象外になる場合があります。

この他に日本弁理士会は、発明の出願を無料で行う制度も実施しています。この制度は国の事業ではなく日本弁理士会が実施しているもので、応募制になっています。応募する人は、自分の発明の内容を所定の書面にし、日本弁理士会に応募します。

書面の様式は日本弁理士会のホームページからダウンロードできます。日本弁理士会では応募の中から特許になるであろう実現性の高さや社会貢献の度合いなど、いくつかの基準に従って一定数の案件を選び、弁理士による書類作成と費用負担によって出願がなされます。

注意が必要なのは、この制度は出願をしてくれる制度であるということです。その後に必要な審査請求（後に述べます）とその手数料を負担してくれるわけではありません。

しかし、どうしても出願の書類が作成できない場合は、利用されるとよいと思います。次のページで詳細が紹介されています。

日本弁理士会のＨＰを開き、画面右上の「日本弁理士会の活動」のボタンをクリックします。画面中段の「知的財産の支援ご案内」の「詳細はこちら」のボタンを押します。

出てきた画面の「支援サービスのご案内　助成制度について」のところの「特許出願等援助制度」ボタンをクリックすると参照できます。

ちなみに、かつて私も応募しましたが、あえなく没となりました。結構狭き門なのではないかと思います。

経済産業省は特許推進のための窓口を開設しています。中央だけでなく、地方の経済産業局にも「知的財産戦略センター」という名称で窓口が開かれています。ここでは、これから特許出願をしたい個人や中小企業に対して相談を受け付け、支援を行ってくれます。

中小企業庁も様々な支援を行っています。全国の都市に中小企業支援センターを設置し、この支援センターの中に特許相談窓口を開設しています。ここでは特許取得に関する相談だけでなく、コーディネーターと呼ばれる担当者による、特許を取得した後の製品化に関する相談、マッチングと呼ばれる販路の紹介や相談まで受け付けてくれます。

この他に公的な支援機関として発明協会があります。ここは特に電子出願の際に強力な助っ人になってくれます。

私の場合、日本弁理士会の無料相談以外には、当初はこういった支援機関の存在とサービスの内容を知りませんでした。何よりも悔やまれるのは、こういった支援機関に相談することをためらったことです。

当時はサラリーマンであり、時間の制約があったことも要因のひとつですが、何よりも自分の発明の内容を卑下していたことが原因です。発明とは、とにかく凄い物という先入観にとらわれていたのでしょう。

そのため最初の出願は腕試しのつもりで一人で書類を作ってプリントアウトし、これを郵送して紙出願を行いました。出願の方法として間違っているわけではないのですが、現在ではインターネットを使ったオンライン出願が一般的であることさえ知らなかったのです。最初から臆せず発明協会や中小企業支援センターに相談に行っていたらと悔やまれます。

特許庁も様々な支援制度を行っています。特許庁は特許の審査をする本山なので、相談というよりは、出願に関しての手数料減免の制度や、審査の時間を短くする早期審査制度など、直接手続きに関わる支援制度が中心です。これらは後述します。出願における費用削減や短縮化のポイントになるので、よく読んで理解してください。

ここでご紹介した機関は、巻末に都道府県別に一覧表を掲載しました。

弁理士にも得意分野と不得意分野がある

特許関連の手続を代行してくれる国家資格者である弁理士は、それぞれ自分が得意とする技術分野を持っています。もちろん特許出願の手続きや法律についてのプロであることは言うまでもありませんが、技術の分野は大変広いものです。

ざっと挙げるだけでも、機械工学の分野、化学の分野、コンピュータープログラムの分野など、一人の弁理士だけでカバーできるものではありません。

最初に無料相談を利用するときには、利用者は弁理士を選ぶことはできないので、そのときの弁理士の得意分野が何なのかわかりません。なので、臆せずに先生に尋ねましょう。

利用者であるあなたは素人であるかもしれません。自分の発明が技術上のどの分野に属する物なのかさえはっきりとわからない場合もあるでしょう。

これはあなたを馬鹿にして言っているのではありません。あなたが作り出したものは発明であり、これまで存在しなかったものなのです。弁理士という専門家から見ると、あなたが考えている分野とは違った分野の技術であると判断するかもしれないということです。

そのため、弁理士の先生から別の弁理士を紹介されることもあると思います。A弁理士からB弁理士を紹介されたら、B弁理士と連絡を取りB弁理士の無料相談の当番日を聞き出しましょう。

この無料相談制度の一番いいところは、同じ先生に何度でも相談できる点です。無料相談の実施日は年間を通じて決まっているので、窓口に電話をかけて、B先生が担当する日をあらかじめ聞いておくことをお勧めします。

時代は変わった

公務員の方にとってはいやな話でしょうが、お役所という言葉の響きには何となく皮肉めいたイメージが拭えません。しかしながら昨今、お役所もとても進化しているのです。変化ではありません。進化しているのです。

法務局を例に挙げましょう。司法書士や不動産業者などの方を除けば、一般の人にとって法務局はあまり縁がない役所です。会社の設立登記や不動産の登記、供託などを行っているのですが、私はかつて仕事で頻繁に出入りしていました。

法務局の何が進化したかというと、窓口で応対を担当する方々をはじめとする、利用者に対する対応です。

例えば、「父親が死亡したので、不動産の名義を相続人にである私に変更したい」という内容で相談に行くとします。一昔前なら、「それなら出口を出て、向かいの○○司法書士事務所に行ってやってもらいなさい」なんていう、親切のかけらもないような対応に多く接したものです。

実際法務局の周りには司法書士や土地家屋調査士といった国家資格者の事務所が多くあり、その人たちに頼んでやってもらえば、お金はかかりますが後は何の心配もないようにプロが処理してくれます。

ところが今は大きく変わりました。まずフロアの目立つ一角に無料の相談窓口が設けられています。担当者が交代で対応し、懇切丁寧に教えてくれます。相談が終わって帰り際には「ありがとうございました」と挨拶までされます。

別に民間企業と同様の顧客サービス精神で行っているわけではないでしょうが、昔を知る人間にとっては「法務局も変わったものだ」と感じてしまいます。

今や政府自治体は、自分たちの仕事における公共サービスの面を、自ら進化させているようです。前述の支援制度やその窓口も同様です。何より大きなメリットはお金がかからないことです。「役所は苦手だ」とか「役所は好きじゃない」など言わずにどんどん活用しましょう。

こんなに進化している出願と手続き

特許庁も大きく進化しました。まずインターネットのオンラインを活用した電子出願制度です。結論から言えば、あなたの家のパソコンから、出願や中間手続きの書類提出ができるようになっています。同様のサービスは国税局のe-Taxもそうですね。

特許庁のオンライン出願のメリットは大きなものです。単に郵送しなくていいとか、書留郵便代が少なくて済むといったことだけではありません。

第一に、出願後の作業スピードが格段に速くなりました。審査請求や中間手続きなどにおいては、おそらく送られたデータは審査をする審査官のデスクの端末にダイレクトに到着するものと思われます。

第二に提出作業に時間の制約がなくなりました。日曜日だろうと深夜だろうと構いません。この点はサラリーマンにとっては大変重宝します。

別に必ず自宅から出願手続きを行わなくても構いません。各都道府県にある発明協会では、共同パソコンを活用した出願サービスを行っています。費用は無料です。

専門の担当者が操作してくれ、書類の様式の間違いなども訂正してくれます。出願の手数料は通常通り1万５０００円（特許出願の場合）かかりますが、支払いのための郵送の方法や書類なども教えてくれます。素人にはうれしい限りです。

このようなサービスを受けるためには、いくつかの準備が必要です。自宅から行うのなら、お手元のパソコンに特許庁のホームページから専用のアプリケーションをダウンロードしてインストールする必要があります。このアプリを起動して作業を行うのです。ダウンロードは24時間無料で行えます。

アプリケーションの常ですが、対応するOSに注意する必要があります。オフィスのパソコンと違い、自宅のパソコンはほとんどインターネットしか使わないので古いOSのままだ…という方は多いと思います。

もうひとつ準備するものがあります。それは電子出願における身分証明となるマイナンバーカードです。これは個人データが格納されるICカードになっており、手続きの際にはこのカードをカードリーダーに通し、数字4桁の暗証番号を入力して本人確認が行われます。マイナンバーカードに、公的個人認証サービスの電子証明書を格納しておいてください。

カードリーダーは家電量販店で、1000円ほどで入手できます。若干の出費になりますが、特許の出願以外でも役に立ちます。

例えば先に触れた国税局のe-Taxです。青色申告などの確定申告作業が自宅のパソコンから行え、しかも期間内であれば24時間対応です。自営業者にとってこのメリットは計り知れません。

毎年の話でしょうが、2月16日から3月15日までの確定申告の期間、各地の税務署はごった返します。3月15日の最終日などはまるで戦場のようです。何時間も待たされ、しかもそろえた書類の内容はろくに見もせずにポンポンとはんこが押されて、待った割には流れ作業的に「さあさあ、混んでいるんだから急いで！」みたいな、あのいやな会場に行かなくてもよくなったのです。

この税金のe-Taxサービスは、サラリーマンのあなたにとっても無縁ではありません。今後特許を取得し、これを元に起業されるなら、ご自身で申告納税することになります。

会社勤めのまま、いわば副業で事業をする場合でも、きちんと税務署に開業届けを届け出て、給与所得と事業所得があることによる青色申告をされることをお勧めします。

e-Taxの利用も専用のアプリを国税局のホームページからダウンロードし、マイナンバーカードをカードリーダーに通して本人確認作業を行います。特許の電子出願と同じ要領です。こちらのアプリも対応のOSにご注意ください。

私はサラリーマンを退職して今は自営業者になりましたが、特許の出願を行っている時点ではまだサラリーマンでした。

演奏などで若干の報酬があることから、青色申告で事業所得の申告をするために開業届を出し、さらに特許の電子出願に備えて（当時は）住民基本台帳カードを作りました。平日に仕事を抜け出して何時間もかかる確定申告の会場には行けないので、カードリーダーを購入して（1番安いもの）このe-Taxに臨みました。

しかし、自宅のパソコンのOSはWindows 2000だったのです。OSがアプリに対応しておらず、上手く操作できませんでした。この日、確か3月14日の日曜日だったと思います。

焦った私は考えをめぐらしました。「そうだ！　ネカフェに行こう」そう考えたとき時間は午後10時を回っていました。子供を寝かしつけた後、必要書類と、住民基本台帳カード、カードリーダーをカバンに詰め込んでネットカフェに到着しました。

ＰＣのＵＳＢにカードリーダーを突っ込み、国税局のホームページからアプリをダウンロードし（もしかしたら、やってはいけないことだったかもしれません）、何と日曜日の夜11時50分過ぎにその年の確定申告を行ったのです。

第2章

やってみよう!
あなたの発明
実践編

1 発明は何から生まれるか

『発明ノート』は使わない

ここまで発明や特許出願が、何も特別で特殊なものではないことを述べてきました。様々な公的機関の支援があることも紹介しました。あなたも発明にチャレンジする気が湧いてきましたか?

では発明をするにはどうやったらいいのでしょうか。書店や図書館に行くと、この手の本がたくさんあります。よく言われるのが「発明ノートをつけましょう。常に持ち歩いてアイデアが浮かんだらすぐに書きとめましょう。人間は忘れやすい動物です。アイデアが浮かんだら、それがどんなにバカバカしい内容でも、発明ノートに書きとめて発明の材料にしましょう」という実践法です。

しかし、私はこの方法に違和感を覚えます。忘れないうちにノートに書きとめるのは大事なことです。別に発明に限らず、ほとんどの方が仕事や日常でやっていることでしょう。私が違和感を覚えるのはノートの名前です。「発明ノート」……何か大切なことが漏れ落ちていると思うのです。

また「発明ノート」というタイトルは、持ち歩くには人前に出せないものです。なんだか大上段に構えている気がします。書き込むときは、物陰に隠れてこそこそやらないといけない気がします。気恥ずかしさが伴います。

もうひとつ大切なことは、特に特許を取得しようとする発明は、一定の手続きが終わるまでは周りに対して秘密で進めなければなりません。

「発明ノート」とタイトルされたノートに書き込むタイミングというのはどのような場面でしょう。インスピレーションで発明のヒントが浮かんだ直後でしょうか。

映画『バック・トゥ・ザ・フューチャー』の場面が思い出されます。25年前の時代にタイムスリップした主人公マーティーが、門前払いをする若き日の科学者ドックに自分を信じてもらうためにこんなことを言います。

「あんたは今朝トイレで転んで便器に頭をぶつけ、その瞬間に次元転移装置を思いついたんだ！　頭の傷はそのときのものだ」と。つまり、発明ノートはこのような場面に書かれるノートになってしまうということです。

何もその度に便器に頭をぶつける必要はないでしょうが、こんな場面、私たちの日常に頻繁にありますか？

発明がインスピレーションから生まれることは否定しません。特許における発明は新規性と進歩性を要求されるため、従来の技術から一足飛びに進歩した内容でなければなりません。しかし、そのインスピレーションは何によってもたらされるのでしょうか。

私がかつて働いたことのある外資系のコンサルティング会社で、当時の上司が「インプットなきところにアウトプットなし」とよく言っていました。これは実に奥深い言葉として私の中に残っています。

脳ミソが解決策となるアウトプット（インスピレーション）を生み出すためには、材料となるインプットがなければならない……というわけです。

発明に必要なインスピレーションというアウトプットを得るためのインプットは何なのか。「発明ノート」というタイトルのノートは、この段階をはしょってしまう危険を感じます。

私たち人間が忘れっぽい性質を持っているなら（私がそうです）、メモされるべきはアウトプットとしての発明ではなく、インプットとなる「発明の種」であると考えます。

発明は不平不満から生まれる

発明は何から生まれるか。インスピレーションは脳ミソが送り出すアウトプットです。アウトプットを送り出す材料となる「発明の種」は、日常の不平不満であると思います。

ここで定義しておきたいのですが、発明は新しい物、新しい製造方法、新しい使い方、新しい仕組みであり、それらは物理的分野であり物質的なものです。対人間の分野の事柄ではありません。

考えてみれば、私たちは毎日たくさんの不平不満を抱えています。それらのうちで人間に関すること、つまり誰でも夫や娘やご近所さんや先生や上司や部下やコンビニの店長、といった人たちへの不平不満を多く抱えています。

これら人間的分野の不平不満は切り離して考えてください。そればかりか、日常では接点のない政治家や芸能人、テレビ番組のプロデューサーといった人たちまで含めて、発明の種とは区別して切り離してください。

「発明の種」となる不平不満は、物、製造方法、使い方、仕組みなど物理的な分野での不平不満です。こういった物理的な分野の不平不満は私たちの周りにあふれています。職場で、学校で、歩道で、スポーツジムで、電車の中で、などなど物質社会に暮らす私たちの周りにたくさん存在するでしょう。

この物理的な分野の不平不満こそが「発明の種」です。忘れてしまわないようにノートに書きとめ、来るべきあなたの脳ミソがインスピレーションを与えてくれるまで持ち歩くべきものです。

例を挙げましょう。ある工場ではＡＢＣという原料からＢという物質だけを抽出して製品にしています。しかし、抽出の工程は10段階あり、時間がかかる上、ある工程では高温の環境が必要なため、従業員は危険な作業を強いられています。

この工場の社長は愚痴をこぼします。「こんなことを毎回繰り返していては時間がいくらあっても足りない。ライバルとは価格競争に突入しているし、このままではジリ貧だ。何とか半分の工程数でBを取り出せないだろうか……」

このような仕事上の課題はどんな会社や職場にもあるでしょう。これが発明の種です。前出の工場で、社長は四六時中この課題を考え、あーでもない、こーでもない、とチャレンジを続け、ついに「そうか！　こうすればいいんだ」というインスピレーションを得ます。

その結果、工程数を3つ少なくして7工程でBという物質を抽出することに成功します。半分の工程数はまだ実現できませんが、この方法で製造コストを下げることができ、何より従業員に危険な作業を強いる高温化の工程を省くことができるようになったのです。

さらに危険な作業が減ったことで保険の料率が下がり、おまけに省電力実現とこれまで発生していたCO_2の量も減らすことがわかりました。社長はこの新しい方法を特許出願することにしたのです。

この発明のプロセスで、「発明の種」はインスピレーションではなく、社長の日常にある課題、つまり物理的な分野の不平不満であったことがおわかりいただけると思います。

ノートに書くときのポイントは2つです。まず不平不満があります。言い換えると悩みの種であったり、厄介ごとであったり、危険であったり、効率の悪いあるいはお金や時間がかかりすぎたり、複雑でめんどうであったり、といった事柄です。

これらに対し、不平不満の常として、「何とかならないだろうか」と考えます。不平不満から一足飛びに「何とか」と考えると、大抵の場合うまくいきません。それは段階を飛び越えた考え方だからです。

順序を言うと、まず①不平不満、次に②この不平不満が解消されている理想的な状態、そして③その状態を実現する技術、となります。つまり、②の理想的な状態をできるだけリアルに、ありありと思い浮かべることが必要です。

前出の工場の例で言うと、『半分の工程数でBを取り出す』部分がこれに当たります。ここで①と②の段階をはしょってしまうと、ドクター中松の言う「二筋」がきちんと理論構築されません。

もうお分かりでしょう。2つ目のポイントは「不平不満を解決する理想的な状態」をノートに書き出すことです。物の動きであったり、向きであったり、方向であったり、加えられる熱量であったり、集まり拡散する順序であったり、力の加減であったりと様々に考えられるでしょう。これらのうちの1つ、あるいは2つ以上が組み合わされた状態かもしれません。

思いつくままに、どんどん書き出してください。文章だけでなく、図を書くこと

が大切です。どんな汚い字の走り書きでも、幼稚園児のような絵でも構いません。当面誰にも見せる必要はないのですから。

ならば、「発明ノート」ではなく「不平不満ノート」というタイトルにしてはどうでしょうか。そこに書かれるのはあなたが日常で接している物理的・物質的な①の不平不満です。決して人間の分野の不平不満は書かないようにしましょう。

これなら、もし奥さんや息子や部下といったあなたの周りの人にタイトルを見られても、面白がってもらえるかもしれません。上司の目にとまり、「誰に対する不平不満を書いているんだ?」と怪しまれても、内容を見せればそこに書かれているのは、仕事上の課題や問題点を書き出し、何とかならないか……と考え努力しているあなたの姿を伝えることになるでしょう。

「不平不満ノート」のタイトルが、いらぬ誤解を生みそうで危なっかしいのなら、「ソリューション・ノート」でも構わないでしょう。書かれている事柄が、物理的分野の不平不満であれば。

日常の物理的な不平不満はあなたの周りに存在します。採り上げるべき発明の種は、この日常の範囲に限定しましょう。その外側、例えば大きく距離のある事柄はあなたの考えが及びにくいと思います。

「餅は餅屋」と言われます。あなたがいつも直面している課題に対して「よし、解決してやるぞ!」とチャレンジを決意していただきたいと思います。

女性のほうが向いているかも

こういった取り組みは女性のほうが向いているような気がします。「発明」と聞くと、なんだか理系の男性の独壇場のように感じますが、実際のところたくさんの女性による発明がされ、特許になっています。

「不平不満ノート」を使う習慣も女性のほうが抵抗なく始められるでしょう。というのは、学生時代の教室を思い出して欲しいのですが、女生徒は手紙が大好きな人が多いです。ノートのページや便箋、メモ紙を使って手紙を書き、器用に畳んであちこちの友人に渡します。あなたもそうでしたか？

文通も女性の得意とするところです。日記もそうでしょう。ノートに取りとめもなく文章を書いていく習慣が、女性は10代の頃から身に付いています。この習慣は男性にはなかなか身に付きません。

専業主婦の方は、日常の活動の場面の範囲が狭く、家庭内、ＰＴＡ、ご近所、買い物先などが中心で、範囲の広い女性でもカルチャースクールなどの日帰り距離がほとんどでしょう。

このような日常で発明の種なんてあるのかしら……、とお考えかもしれません。しかし、あなたが女性であることが最大の武器なのです。女性は女性同士のお喋《しゃべ》りを好みます。男性から見ると、好むというレベルでは到底なく、人によって差はあ

るでしょうが、会話しながら一体いつ息継ぎをしているのだろうと思うほどに喋り続ける女性もいます。

自分の周りで発明の種に行き着かないときは、この「お喋り」に耳を傾けましょう。その中の愚痴や不平不満、イライラの原因に目を向けてみてください。山のように課題が出てくると思います。

人の話を聴くことで「そう言えば私もそう思ったことがある……」これが発明の種になります。かのお喋り女性の不平不満でありながら、あなたや他の同じような日常を送っている人たちに共通する悩みの種です。忘れないうちに「不平不満ノート」に書き込み、書いているうちに浮かぶことも書き添えます。解決された理想の状態を思い描くのを忘れずに。

一度書いてしまえば、後はあなたの脳ミソがインスピレーションを与えてくれるまで放っておきましょう。

趣味の活動に目を向けてみましょう。趣味はお金をかけるものです。そのつもりがなくとも自然とお金がかかってしまうものです。何事もそうですが、特に趣味の世界では『上手くいかないこと』に満ちあふれています。

この趣味の活動の中に自らの、また同じ趣味でつながっている人たちの不平不満を見いだしましょう。それらの不平不満が、やがてあなたの発明によって解決され、これまでお金がかかるばかりだったものが、ビジネスとなってお金を生み出すものに変わっていくことでしょう。

さきにも触れましたが、実際私は冴えない普通のサラリーマンでした。趣味でギターを弾き、人前で演奏する機会が増え、演奏上の困難や課題に悩まされてきました。

私の発明の種はここにあったのです。最初は発明をしようなんて全く考えていませんでした。「どうにかならんかな」という不平不満が愚痴になって出てきていたのです。解決策を求めて、楽器店やインターネットを探しましたが、これだ！という物を見つけることは出来ませんでした。

そこで、自分で解決策となる道具を作り始めたのです。

2 脳に汗かく時代 ❶

ニッチ市場は、見つけるのではなく作り出す

ビジネスにおける弱者の戦略としてよく言われるのが「ニッチな市場でナンバーワンになれ」という考え方です。ニッチとは、家の中に作られる壁のくぼみを言い

ます。ここに花を入れた花瓶を飾ったり、置物を置いたりといろいろ使いでのある空間です。

日本語では「スキマ」と表現され、スキマ市場を見事に制して‥‥なんて言われます。ビジネス・セミナーにおいては、「市場規模は小さいが、大企業が見向きもしない、あるいは誰も気づいていないこの市場を我が物としなさい」と教えられます。

つまり、スキマを探して大手が手を出さないという競争のない環境でライバルを出し抜け！ということなのです。ビジネスの場面では、最初から製品やサービスがあって、これらを持って行く先を探す行動になることが多いと思われます。つまりスキマを探して回るということです。

しかし発明においてはこのスキマを探して回る行動はナンセンスです。それよりも、繰り返しになりますが、あなたの周りの不平不満に目を向ける行動をしましょう。この行動がそのままスキマを見つけていく行動になります。

現代は脳に汗をかかせる時代です。キーワードは「あーでもない、こーでもない」です。あなた以外には解決策を作ることが出来ません。同時に、おそらくあなた以外にその課題に取り組んでいる人はいないでしょう。友人の愚痴が繰り返されているうちは、その友人は解決策を見いだしていません。その間にあなたが解決策を考えるのです。

ピカッ！ときたら、忘れないうちにメモ。不平不満ノートには、当然理想的状態と解決策も書き込んでください。思いつくままに「あーでもない、こーでもない」を取りとめもなく書き込みましょう。

人に見せるものではありませんから、例えば大まかな図面も下手くそな画で何ら構いません。やがて発明になって特許出願する時にはちゃんとした図を描かなければなりませんから、その下絵のようなもので十分です。これは書類ではなくノートであり、メモなのです。あなたが理解できるものであればそれでいいのです。

くどいようですが「ピカッ！」ときたら、忘れないうちにメモです。不思議なものですが、これをメモしておかないと簡単に忘れてしまいます。私たちの脳ミソの働きの何がそうさせるのかはわかりませんが、このピカッ！は忘れやすい代物です。決してロストしないでください。

私の例を挙げましょう。現在試作品を作っている段階で、まだ権利化されていないので詳細を書けませんが、私の失敗例です。

私は日常的に使う道具の開発を、不平不満ノートに書き込んでいました。そしてその不満を解決する理想の状態も書き込んでありました。その時の私には試作品の姿まで、つまり大まかな図まで書き込んであったのです。

いくつかの試作品作りに取り掛かりましたが、どうしてもうまくいきません。何か、根本的な考え違いがあるように思えました。それが何かはわからないまま私は仕事で海外へ出かけ、3か月ほど日本を留守にしました。

この試作品作りの作業は、慣れない針仕事だったこともあり、もう情熱が薄れかけていました。もちろん、ノートと作成途中の試作品は日本の自宅に置いたままです。あるとき仕事の途中で、仲間の女性が席を外しトイレに行きました（外国人女性です）。

しばらくして戻って来たその女性を見たとたんに私に「ピカッ！」が来ました。そうです。日本に置き去りにしているあの試作品の解決策がそこに見えたのです。しかし、その場はまだ仕事の真っ最中です。私はこの突然に訪れる「ピカッ！」はロストしやすいものだと知っているので、忘れないうちにメモするために紙を探したのですが、残念ながらメモできませんでした。

私は忘れっぽい人間です。心配した通り、その日の仕事が終わった時には、「あれは何だったのか……、あの女性を見てなぜそう感じたのか……」必死になって思い出そうとするのですが、わかりません。私はせっかくの「ピカッ！」をロストしてしまいました。

翌日、落ち込む私に前日の女性が尋ねてきました。「ねえ、昨日私を見て叫んだあれはどういうこと?」「なんのこと?」「日本語で何かの悪口を言ったんじゃないの?」「俺、なんて叫んだっけ……」「★★って言ったのよ！」

捨てるおバカ（私です）あれば拾う神（かの女性です）あり。女性との会話の続きもそこにメモし、決して失くさないようにパスポートにはさみ込んだのでした。

先行技術は宝の山

発明の種を不平不満ノートに書き、いくつかの解決策や図を描くに至ったら、特許情報プラットフォームで検索をかけてみましょう。その物の名前や作業の名称、作業の結果に出来上がるもの‥‥といった、関連する項目をできるだけ多くキーワードにして、あらゆる切り口から検索をかけてください。

改めて、たくさんの出願がされていることに驚かれると思います。こんなにたくさん、そして中には何を考えてこんなものを出願しているのだろうと首をかしげる内容にも出くわします。とにかく、考えられるだけ多くの切り口を試してください。

この作業は「先行技術調査」と呼ばれる作業です。この後の出願の際、そして中間手続の際に重要になりますから、必ず実行してください。

特許情報プラットフォームは日本のものだけでなく、特にアメリカや欧州のものもデータベース化しています。全部ではありませんが「和文抄録」として、日本語化されているものも多くあり、素人でも検索しやすいものになっています。

和文抄録とは、原文から必要な部分だけを書き抜いて、日本語訳されている部分のことを言います。

特許庁は特許と実用新案の過去のデータを、米国特許明細書和文抄録テキストデータ・米国公開特許明細書和文抄録テキストデータ・欧州公開特許明細書和文抄録テキストデータ・中国特許和文抄録テキストデータ・中国実用新案機械翻訳和文抄録テキストデータを日本語でデータベースとして提供しています。

あなたのアイデアが日常で使われるものであるならば、それが日本独特の習慣に限られるものでないならば、アメリカなどの文献も検索してください。

なんだ……、既にあるじゃん。特許情報プラットフォームを検索した結果、同じ物とまではいかずとも、ほとんど似通っているものに出くわすことがあります。こんな時は「あ~あ、もうやってるじゃん……、誰でも考えることは同じなんだな……」と落ち込むこともしばしばです。

しかし、あきらめるのは早い。あなたのアイデアが既に他者の特許になっているということは、それだけの価値があり、特許庁に認められる発明だったということです。つまりあなたの脳ミソから出てきたアウトプットは特許レベルのものであったということの証です。

ここで大切なのは、「同じものが既にあるから、これはだめだ」と決め付けて、考えるのをやめないこと。そこに書かれていることをじっくりと読み込んでみましょう。後ほど触れますが、この作業があなたのインスピレーションの訓練になります。

ドクター中松の言う、ピカッ！ の本質に触れる訓練です。いろんな人のピカッ！　に接していくと、そのままあなたの脳ミソの引き出しにインスピレーションの雛形が出来上がってきます。

文献の図と、あなたの試作品との違いを比較・分析しましょう。特に動きの違い、その動きの違いは、どの特徴から生まれるのか。そしてその結果どのような効果がもたらされるのか、その効果は文献のものよりも進歩しているかどうか…を分析してください。

先行技術文献を深く読み込みましょう。先行技術は宝の山です。コツはＰＣの画面上で読むのではなく、プリントアウトして書面で読むことです。

現代は便利な世の中です。昔では考えられないような作業がＰＣの画面上で出来てしまいます。ＣＧやＣＡＤはその代表的なものです。ＤＴＭ（デスクトップ・ミュージック）もそうですね。

１９７０年代、レコードや後のＣＤのマスター録音は、イギリスのＥＭＩスタジオやアメリカのモータウン・レコードのスタジオなどでしか作ることは出来ませんでした。

それが今では、静かな部屋で、適度な音響特性があれば、自宅でもＣＤレベルの、それこそオーケストラ曲だって制作が可能です。

しかし、これらの作業は制作です。ここで必要なことは、書面に書かれた内容の、技術思想を理解するということなのです。この人間の頭が理解するための最良の方法は、紙を手で持って、大事なところは赤鉛筆やマーカーで線を引きながら読み進める旧来からの方法だと考えます。

紙がぼろぼろになるまで読み込んでください。そうすることで、そこに書かれている技術思想を隅から隅まで自分のものに出来ると思います。もちろん、関連の深い書類同士は、フォルダなどにタイトルをつけて綴じ込むことをお勧めします。

あなたにしかできない飛躍的改善策は必ずあります。先行技術文献は、先人が思想を巡らした軌跡です。これらの先行技術を吸収すればするほど、あなたの脳ミソは「発明脳」になるはずです。

あなたの脳ミソが発明脳になれば、「不平不満ノート」に書き込まれてその後放ってある、あのお喋り奥さんの不平不満と理想の状態をつなぐ解決策、つまりインスピレーションが生まれやすくなります。異なる分野にこそ、その解決策があると考えます。

私の例で言うと、ある実用新案はギター演奏に使用するピックに関するものですが、これは釣具のパーツからヒントを得ました。実を言うと私は全く釣りをやりません。その私が、釣りで使うパーツに飛んでいく過程では、建設現場で使われる重機、計量機で使われる天秤、時計の振り子に関する文献などを読み漁っていました。

そうした作業の中で、ある日ホームセンターで、何かめぼしい物はないかと物色しているときにこのパーツを見つけました。この時点ではそのパーツが釣りで使われる道具だとは知りませんでした。

その後インターネットで検索し、このパーツの名前を検索するうちに、これが釣り用の道具で、ピックに使うことができる適切な形状とサイズを見いだしたのです。

このプロセスを振り返ってみると、この実用新案に関して私は、パーツのレベルで何ひとつ新しい形状や素材は生み出していません。しかし、結果生まれた物はそれまでに存在しなかった全く新しい、進歩したピックだったのです。

つまり、既存の技術の組み合わせでも、全く新しい、進歩した物であれば権利を取得することは可能であるということです。

私には理系の知識や技術はありません。学歴は文系で、法律の分野が専門です。しかし、自分の趣味の世界に関しては、それが技術的分野であろうが釣りの道具であろうが、調べることは苦になりません。あなたもそうだろうと思います。この調べる作業を楽しんでください。「必ず見つかる」と確信して検索を行うことです。宝の山があなたを待っています。

「不平不満ノート」に発明の種が書かれたら、その種に対する「解決するための理想の状態」を書き添えましょう。そして特許情報プラットフォームで様々なキーワードを叩き、先行文献を見てください。

特に図を参照し、その動きや働きを想像して「解決するための理想の状態」を実現するものはないか探してください。この作業はあなたの発明脳への刺激になります。ここで参照されるのは全て先行技術文献であり、同じ物や似通った内容を出願しても特許にはなりません。

しかし、人間は一人ひとり顔が違うように、発明脳から出てくるアウトプット、インスピレーションも少しずつ違うのです。この違いがあなたの発明と先行文献との違いになっていきます。

あなたが得たインスピレーションが少しでも進歩性を有していたら、それはもう既に特許になる発明です。特許情報プラットフォームを使い倒してください。慣れてきたら外国の文献、特にアメリカの文献も参照してみましょう。アメリカの文献は当然英語で書かれていますが（参照できる全てではありませんが）、和文抄録として日本語に翻訳されている文献もあります。

英文がわからなくても、図を参照してください。この作業を回数多く行うことが大事です。図の描かれ方に注目してください。後の出願の際に図を描かなければなりません。出来るだけ多くの図に接することをお勧めします。

3 試作品作りは大切なプロセス

作りはじめが一番難しい

試作品を作りましょう。このプロセスは決して避けて通らないでください。「手先が器用じゃないから」とか、「めんどうだな」なんて言わずに、チャレンジしてください。

この試作品作りのプロセスは、次のような大切な要素を含んでいます。

1. 実用に耐える物かどうかの検証
2. 素材の選定
3. 強度の確認
4. コスト計算
5. デザインのアイデア
6. 出願の際の材料
7. 使い勝手の検証
8. 適切な大きさの把握

これらの他にも様々な要素があります。作る試作品の種類、内容によって項目はもっと増えることでしょう。

特許が物による技術思想の具体化であることを考えると、この試作品作成のプロセスは必須です。製品レベルの完成品を作る必要はありません。それどころか、例えば内部構造のある技術ならば、むき出しのままの動きの「見える」無骨なものを作らなければなりません。

複雑な構造を必要とする物なら、できるだけ単純な作りにして、シンプルなものにするといいと思います。この点は後の出願の際に必要となる「技術の範囲の明確化」の作業に貢献してくれます。

「でもなあ、工作は子供のころから苦手だったから……」なんて考えずに、楽しんでみることをお勧めします。

私の場合、決して器用な方ではありませんが、この試作品作りは例外なく、わくわくしながら楽しんで作りました。材料は全て近所の100円ショップやホームセンターでかき集めて入手しました。

多くの試作品を作りましたが、それでもかかった費用は数千円程度です。大掛かりな道具は何も使っていません。息子が持っているコンパスや定規、ハサミやカッターなどで十分でした。

お勧めなのは、ヤスリを準備されることです。ものづくりの基本はヤスリがけ、とは技術者の間でよく聞かれる言葉です。

物を作るときには、それが試作品であれなんであれ手順が必要です。作業の順番を間違ってしまうと、それがそのまま失敗の原因になります。試作品作りのプロセスに行き詰まったら、ネットで「〇〇」「作り方」といったキーワードで検索をかけてみてください。

この時の「〇〇」は、あなたが作ろうとしている物ではなく、よく似た形、構造、材料、その処理の仕方、などです。

現代は蕎麦打ちからロケット製作まで、それこそ専門家ではない素人が、たくさんの画像と懇切丁寧な説明付きでいろんなことを教えてくれます。ついつい見入ってしまって時間を忘れるほどです。さらにこの作業は、あなたが気付いていない発明のヒントを与えてくれることもあります。

しかしこういった作業でネットを覗くと、世の中の方々は余程暇なのか、それともそれぞれ使命感に駆られてページを作っているのか、いろんなことをやっているんだなあ．．．とつくづく感心させられます。

試作品は、一回の作業で十分なものができることもありますが、多くは何回か失敗作を重ねて出来上がります。これらの失敗作を捨てないようにしましょう。次の試作品の土台になる重要なデータです。

出来れば保存が容易なように、手の平に乗るサイズのものならチャック付きの透明袋などを用意してこれに入れ、「何月何日制作、〜のため未完」などの書き込みをするか、ラベルを貼るなどして制作順序がわかるようにしておくと後々便利です。

失敗作は、つい頭にきてしまって捨てたくなるものですが、そこをぐっとこらえて保存をしてください。後日めでたく特許になったときには、これらを引っ張り出して、当時の苦労や勘違いに笑いが出てきます。それも楽しいものですよ。

先行技術調査を必ず行う

先行技術調査とは、あなたの発明と同じ物、あるいは似通っている物はないか調査する作業を言います。

あなたが作った試作品と全く同形状のものがあることは稀でしょう。しかし、ほとんど似通っているものはたくさんあるかもしれません。特許情報プラットフォームを駆使して可能な限り探し出してください。

さきにも触れましたが、特許は高度な技術思想です。物の形が異なれば新規性を満たしていますが、進歩性を満たすことは、そう簡単ではありません。後述しますが、審査を行う審査官は、特許庁にあるデータベース(日本だけでなく、世界中の先行技術が蓄えられています)を駆使して、あなたが出願した発明と同じもの、似通ったものを引っ張り出してきます。

審査官がピックアップするどの先行技術文献（特許となったもの、ならなかったもの全て）よりも、あなたの発明は進歩した技術でなければならないのです。

試作品が出来て、そして先行技術調査を行った上で、あなたの発明はこれまでどこにもなかったものだと感じたら、弁理士の無料相談に試作品と先行技術文献の束を持っていって診てもらいましょう。

誰にも喋れないって、結構つらい

日本の特許制度は、「先願主義」を採用しています。先願とは、「同じ内容の出願があったときには、時間的に早く出願した者に権利を与える」という意味です。出願した年月日だけでなく時刻まで対象となるシビアなルールです。

極端な話、数分違いでせっかくの特許を持っていかれた・・・ということもあり得ます。この点、特許庁がインターネットを使った電子出願制度を採用していることは理にかなった方法です。コンピューターで自動的に時間が記録されて処理されることになり、公平性とルール運用が厳格に図られることでしょう。「言った言わないは通用しない」ことになります。

言い換えれば、どんなに昔に考案したものでも、それが世に出ておらず出願をしていなければ、他の誰かがさっさと出願すれば特許はその人のもの、ということです。情け無用の早い者勝ち、というわけです。アイデアが具体化したら、一刻も早く出願するべきです。

このことから、特許出願に結び付くアイデアや試作品は秘匿性が重要です。誰にも喋らず、出願の時まで黙っておく、ということです。これは結構つらいものです。特に試作品の出来が良ければ、人はつい身近な人に見せたくなります。その出来具合を確かめたくなるのです。

しかし、ここは我慢のしどころです。ぐっとこらえましょう。たとえご家族でも、慎重に対処してください。ご家族がスパイだなんていうことではありません。たとえ悪意がなくても、あなたの自慢話のつもりで周りの誰かに喋ったら、聞いた人から巡りめぐって持って行かれるかもしれないのです。

出来上がった試作品を眺めて「でもなあ、これで出願なんて出来るんだろうか・・・」とお考えになると思います。特に単純な作りの物や身近な素材で作った物は見劣りするというか、自分の製作の腕に関して粗ばかりが目に付くものです。

繰り返しますが、こんなときは専門家に見てもらいましょう。弁理士の無料相談に試作品を持参して、それが特許出願するに値するものなのかどうかを相談してください。ここまで読み進んだあなたならもうおわかりでしょう。その際には「不平不満ノート」を持参してください。

さらに、簡単なもので構いませんから、一枚の紙に課題の内容と解決策、つまり試作品を作った経緯を書き出していきましょう。

そしてここが大切なところですが、特許情報プラットフォームで検索した先行技術と思われるものを、入手できる限りたくさん持って行ってください。量が多ければ、図と請求項、要約の部分を抜粋したもので構いません。

これは弁理士の先生が先行技術と比較して、その発明に特許性があるかどうか、取得の可能性があるかどうか判断するために重要です。この時の先生の言葉は一言一句メモしましょう。出願の際と中間手続きの大切なポイントが続出するはずだからです。

場合によっては、この時の話から試作品に改良点が見つかるかもしれません。この場合の改良点には2つの側面があります。

ひとつは、性能向上、使い勝手の向上につながる改良点です。知らなかったパーツを教えてもらえることもあります。あるいは適正な動力についてのアドバイスなどもあるでしょう。

2つ目は、特に先行技術に被っている点を明らかにすることや、違いを作り出す改良点です。特許を取得するために、新規性及び進歩性を有しているか、それはどのように表現されるべきか、という観点でアドバイスをもらえます。

経験の少ない方は、このような場面につい尻込みし、謙虚な姿勢と勘違いして必要以上にへりくだってしまい、自分の発明の価値をきちんと伝えられなくなるときがあります。

しかし謙遜や遠慮は無用です。実際は弁理士の先生が専門家としての立場で可能性をアドバイスしているのです。特許になるだけの価値ある物と考えているに違いありません。貪欲に吸収し、考えられるだけの質問をしましょう。もうあなたの特許取得は目の前です。さっさと出願しちゃいましょう。

ここまでお金もかかりません

「特許はお金がかかる」「特許貧乏」なんて言葉をよく聞きます。確かに出願や権利化、権利の維持には費用がかかります。さらに、わずらわしい出願の書類や中間の手続きなどを弁理士に依頼すると、高額な費用がかかります。

これらの費用は、特許になってから回収する以外にはありません。しかしこの本では、行政や日本弁理士会などによる無料相談のサービスを最大限利用することによって、特許の取得までは最小限の費用で抑えるようにする方法を書いています。

特許は技術ありきの権利です。その技術が商品価値の高いものならば、かかる費用は十分に回収されることでしょう。ですからなおのこと、権利の取得までは費用をほとんどかけずに行うことをお勧めします。

実際、あなたがアイデアを得て、特許情報プラットフォームを用いた調査によっててこれまでにないものであることがわかったなら、次のステップは出願です。費用をかけるのはここから先になります。この時点で既にカードリーダーを買っていたなら、これに数千円かかった程度で、後は「不平不満ノート」何冊分、そして試作品を作っているのならその材料費の出費でとどまっているはずです。

第3章

チャレンジです！
手続編

1 全体像をつかみます

手続きフローチャート

左図は特許庁のホームページにある手続きのフローチャートを私が図にしたものです。表中の二重線枠が、出願人（つまり私たちです）による手続きです。

気を付けていただきたいのは、特許に限らず、法律によって構築されている制度は、根本法の改正によって頻繁に変更が行われます。特許に関しては、特許庁のホームページでこまめに確認してください。

（表は平成29年12月15日現在のものです）

出願に必要な書類

試作品が出来上がって、弁理士の先生に見てもらったら、そして特許取得の可能性を示唆されたなら、あなたはもう「出願したい」と考えていることと思います。

日本の特許制度は「先願主義」です。同じことを考えている人に先を越されない

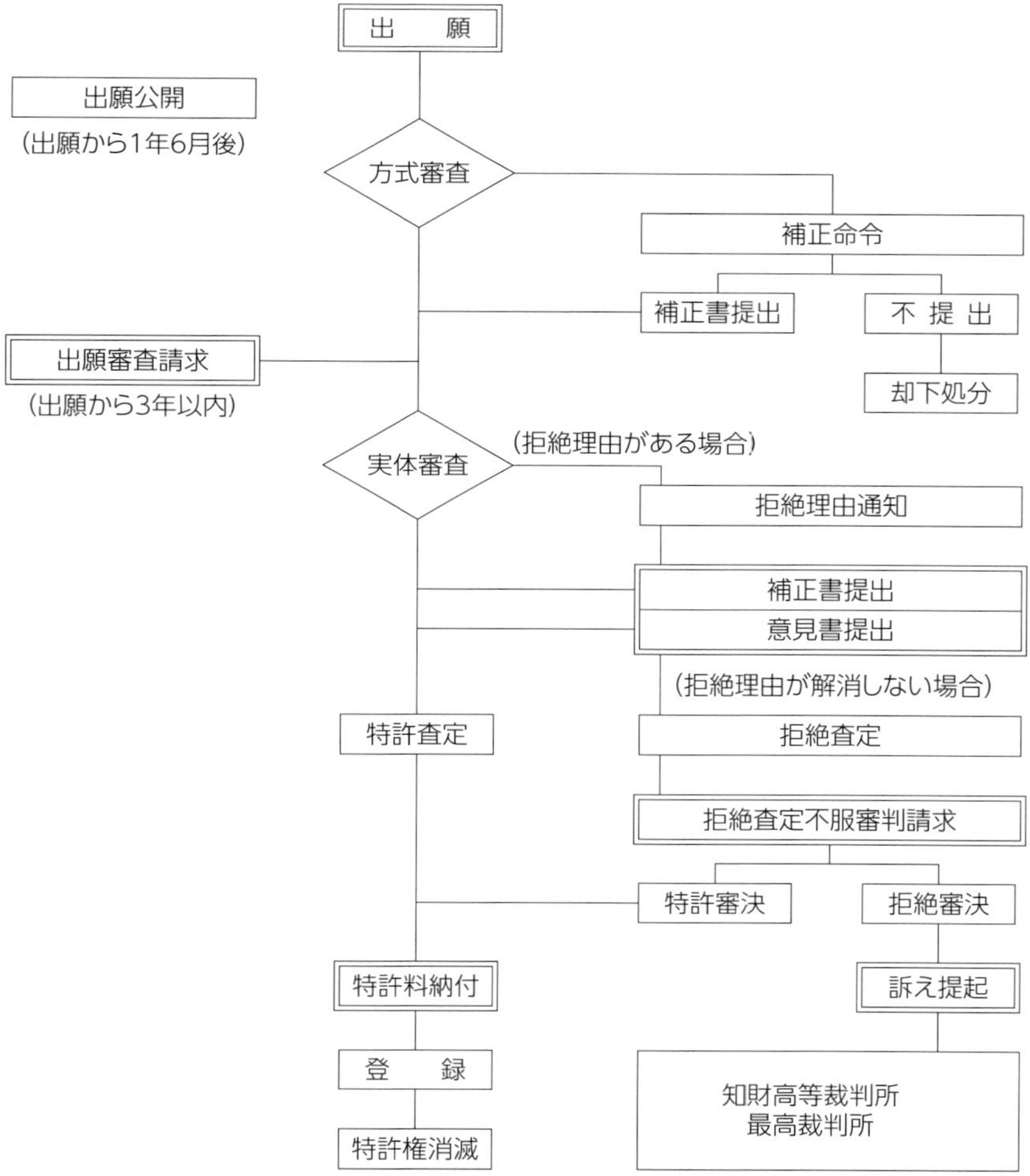
出　　願
出願公開
（出願から1年6月後）
方式審査
補正命令
補正書提出
不 提 出
却下処分
出願審査請求
（出願から3年以内）
実体審査
（拒絶理由がある場合）
拒絶理由通知
補正書提出
意見書提出
（拒絶理由が解消しない場合）
特許査定
拒絶査定
拒絶査定不服審判請求
特許審決
拒絶審決
特許料納付
訴え提起
登　　録
知財高等裁判所
最高裁判所
特許権消滅

ように、人に知られないうちにさっさと出願するべきです。

ここで、出願の願書を書く前にいくつかのポイントを押さえましょう。これまでの弁理士の先生との無料相談で、次の事柄がクリアになっているはずです。

1．あなたの発明の内容、分野と技術の範囲

2．先行技術調査の内容と、これらに対するあなたの発明の進歩性の内容

3．日本国内だけの出願にするか海外出願をするために優先国主張をするのか否か

4．意匠権、商標権についての準備

どうです？　これらについて明らかになっていますか？　もしこれらの中のひとつでもはっきりしていない項目があれば、もう一度無料相談を予約して先生の意見を聞いてください。

これらがクリアになっているなら、出願書類の作成に臨む準備ができていると思います。特許出願に必要な書類は、以下の書類で構成されます。

基本的に必ず必要なものは以下の構成になります。

①特許願（願書）

②明細書

③特許請求の範囲（請求項）

④要約書

⑤図

⑥特許印紙貼付用紙

これらに加えて出願と同時に審査請求と早期審査制度を利用するなら、さらに次の2つを添付することになります。

⑦審査請求書

⑧早期審査に関する事情説明書

さらに審査請求手数料の減免等を申請する場合は、次の2つを添付することになります。

⑨減免申請書

⑩減免の対象であることの証明としての証明書

これらのうち①～⑤、⑦、⑧はオンライン出願、つまり所定の様式（ＰＤＦ形式のファイル）でインターネットを通じてアップロード送信して提出することができます。

⑥の書類は、白紙に特許印紙を貼り付けたもので、いわば支払いです。特許印紙以外の支払い方法もありますが（後述します）、初めての方は発明協会で右の書類をオンライン出願し、ここで印紙を購入され、説明を受けて書留郵便で郵送する方法が、間違いがなくて良いと思います。

一つずつ内容を見ていきましょう。書類は全てＡ４サイズ、縦向き横書きで書かれます。

①の特許願は願書であり、いわゆる申込書です。あなたの名前や住所といった、出願人を特定するための情報を書きます。紙数は1枚です。

②の明細書は、あなたの発明に関する内容を、最大漏らさず表現する書類です。様式（項目と順番）が決まっています。紙数の制限はありません。

③の特許請求の範囲（請求項）は、特許の権利の範囲を特定する最も大切な書類です。一般的には『請求項』と呼ばれますが、書類名は『特許請求の範囲』というのがその名称です。

この請求項に書かれる文言は、一言一句慎重に言葉を選んで表現する必要があります。この請求項については後の章で詳説します。紙数の制限はありません。

④の要約書は、いわばあなたの発明を簡単に紹介する文書です。特許になった後に特許情報プラットフォームの画面上で出てくる文章です。文字数に制限があり、明細書を基にして簡潔に表現します。

⑤の図は、請求項と同じくらいに重要な書類です。この書類についても後の章で詳説します。1枚の紙に1つの図を描き、紙数の制限はありません。

⑥は印紙を貼り付ける白紙です。A４のコピー用紙1枚で足ります。

⑦と⑧は様式が決まっており、⑦は1枚、⑧は調査した先行技術文献の数により1～2枚程度になると思います。

⑨も様式が決まっており、1枚です。

⑩は市役所などが発行する公的な書類です。
⑨と⑩は、⑥と一緒に書留郵便で郵送します。
「えー!? 10種類も書類を準備しなければいけないの？ 大変じゃない」とお感じと思います。確かに初めて出願を行うときは、これらの書類を作るのに大変苦労します。だからこそ、こういった書類の作成を引き受ける国家資格者としての弁理士がいるのです。

しかし、大変な作業であることは違いありませんが、何事もコツがあります。これらの書類は弁理士でなければ書いてはいけないということでは決してありません。こんな風に書くとお世話になっていながら弁理士先生の仕事を奪うようで申し訳ないと思いますが、弁理士の先生にはもっと突っ込んだ内容の、先生にしかできないようなアドバイスや法律に関する手続きについて活躍してもらうことを期待しましょう。

私はむしろ出願の書類は発明者自身が書くべきと考えます。この時点で弁理士の無料相談を通じて、その発明を一番わかっているのはあなた自身なのですから。

上記の①～⑤の書類を眺めてみると、作成に苦労するのは②明細書、③特許請求の範囲（請求項）、そして⑤図の3種類です。

そしてここがポイントなのですが、③の請求項はあなたが下書きをし、その内容を必ず弁理士の先生に診てもらってください。あえて診てもらうという表現をしました。それくらいこの請求項という書類は重要なのです。

つまり、請求項の表現は、あなたの下書きを基に弁理士の先生に書き直してもらうようにしてください。その結果、元の文章とは似ても似つかない、あなたでさえ戸惑うような文章になるかもしれません。

しかし、そこが餅屋のノウハウ、プロの技なのです。これをやらずに、自分で書いた文章のまま出願すると、中間手続の際に面倒なことにもなりかねません。請求項は必ず弁理士の先生に診てもらう、と位置付けてください。

出願の書類の様式に関して、特許庁のホームページでわかりやすく紹介されています。左頁の図に従って検索して下さい。

特許出願をはじめとするすべての手続きについて、『出願の手続き』（ＰＤＦ）としてまとめてあります。ページ数は全部で７９１頁あります。全てを印刷するのは大変ですが、無料なので自宅ＰＣにダウンロードしておくと後々便利です。

ここには、出願の方法として認められている紙出願（特許庁に郵送または持参）とオンライン出願の両方が説明されています。

現在ではオンライン出願が主流です。費用と特許登録までに要する期間もオンライン出願が有利です。

両者は願書の書き方と手数料支払いとしての特許印紙の貼り方が違うので、間違わないようにしましょう。

特に初めての方は、オンライン出願の書類を準備し、一式をそろえて最寄りの発明協会に行き、ここで説明を受けながら出願手続きをすることをお勧めします。
書き方のポイントは後述します。

次の手順で参照してください

1. Googleなどの検索窓で

特許庁　検索

↓

（表示）　ホーム｜経済産業省　特許庁　Japan Patent Office

↓

2. 特許庁HPで上部中央の

制度・手続

↓

3　特許

↓

4　手続き

↓

5　出願に関する情報

↓

6　出願の手続きについて

↓

7　願書の作成方法（PDF）

↓

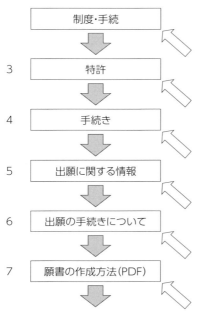

出願の際に必要になる書類は次のとおりです。

書類を書こう！と決めると、つい請求項を書きたくなるものです。しかし前述のように請求項は、最終的にはあなたの文章ではなく、専門家にゆだねるようにしましょう。

書籍やインターネットのページ、また特許庁の資料などでこれらの書類の雛形が多く載せられています。最初に書類の『形』を見てしまうと、ついそこにそのまま自分の文章を書き換える形で進めていってしまいます。そうすると、全体の構成のポイントを理解しないまま書いてしまうことが多くあります。結果、前後に矛盾があったり、だらだらと書き過ぎてしまったりします。初めての時は、試行錯誤はつきものだと思いますが、次の手順で作業を進めると早く理解できると思います。

2 こうすればスムーズ

最初は文章を書かず図から始める

この時点であなたの手元にあるのは、「不平不満ノート」と試作品、そして特許情報プラットフォームからプリントアウトした先行技術文献の3つでしょう。まず試作品を図にする作業から始めることが、あなたの考えをまとめるためにも有効な方法です。試作品のラフなスケッチを書いてみましょう。

絵を描くのが苦手な人に、取っておきの方法をお教えします。お手持ちのデジカメや携帯電話で試作品をいろんな角度で撮影します。全体が見える画像にしてください。一枚だけでなく、あらゆる角度から撮影してください。

その試作品が手で持って使う物や体の一部に装着するものなら、実際に装着した写真を撮りましょう。自分で撮影できないならば、秘密が守れる人（ご家族など）に協力してもらって撮影します。

これらの写真を使ってスケッチを起こします。私は１００円ショップでトレーシング・ペーパーを買ってきて、これを写真の上に置いて外観をなぞるように描きました。この方法を用いるときは柔らかい芯の鉛筆、Ｂの２から４くらいが描きやすいでしょう。

現在では図として、例えば試作品を撮影した写真を使うこともＯＫになっています。しかし不思議なことに、どうしても写真よりも図のほうがわかりやすいのです。リアルさ、正確さを求めるのなら写真のほうが情報量が多いはずですが、特許の出願書類に関してはそうではないようです。なぜかはわかりませんが、白地に黒の線で描かれた図を見るほうが、内容をよく理解できます。写真よりも図を描くことをお勧めします。

出願に必要な図の書き方に決まりはありません。大切なことは、見やすい図であることと、審査を行う審査官を含めて、図を見た人がその物の動きや仕組み、働きを理解できるものでなければなりません。

例えば、一部に回転する部分やスライドする部分といった構造を持っていれば、その動きがわかる図が必要です。そのため、図に枚数の制限はありませんが、１枚だけではすまない場合がほとんどです。

ここでも特許情報プラットフォームを使って、様々な出願の図を参考にします。正直に白状しますが、私の3件目と4件目の出願の図は、他の出願から図をプリントアウトして、自分の試作品に入れ替えて作成しました。つまりパクってしまったわけです（原出願者の方、ゴメンナサイ）。

例えば、右手の指に装着する道具の図を描かなければならないとき、自分の手をスケッチする、あるいは写真を撮るという方法で図を起こすのは、私には難しかったためです。

私は絵心がないのです。簡単なスケッチでも、書いた後に破り捨てたくなるほど下手くそなので、あれこれ考えた末、他の見やすい図を拝借することにしました。

大事なことは、ここで必要な図というものは、製図ではなく、一見して全体像を把握できるように書く必要があるということです。美術作品ではありませんので、手の込んだレタッチは必要ありません。だからといって、デフォルメされていてはいけません。着色も不要です。

アートやデザイン畑のお仕事をされている方は、アドビシステムズのイラストレーターで簡単に描けると思います。

特許情報プラットフォームにある先行技術文献の図を、出来るだけたくさん見てください。代表図とその他の図の関係も重要です。出願者がなぜその図を代表図にしているかがポイントです。

さらに図にはたくさんの引き出し線が引かれ、番号が書かれていることがわかると思います。これは大切なポイントなので、明細書の書き方のところで解説します。

ラフな図を描き終わったら明細書に取り掛かる

次に明細書の作成に取り掛かります。おかしな話に感じるかも知れませんが、明細書は図を基に書くと考えてください。

特許とは、物を基にした技術です（ビジネス特許などを除く）。なので、物を表現した図を先に書き上げてから、その図を解説するように明細書を書いていくとスムーズに進んでいきます。

「自分が書いた図を説明する書類なんて……」とおかしな感覚になるかもしれませんが、物の形と動き、働きや効果を文字だけで表現することは、すこぶる困難です。くどいようですが、あなたが作り出したものは、これまで誰も見たことも聞いたこともない、「新しい、進歩した物」なのです。

ですから、何もかもを文章で書こうとしても無理があるのです。そこに図があり、要所要所に番号が振られていれば、読む側は図を参照しながら読み進めることによって、その意図を理解しやすくなるのです。

明細書の書き方は項目とその順番が決まっています。行数や文字数、ポイント数といった規格は、前出の特許庁のホームページに詳しく掲載されているので参照してください。

3 書類ごとのポイント

明細書

具体的な書き方の例は次の通りです。

（1）【発明の名称】○○○

↓あなたの発明の名称です。一般的な名前で構いません。ここに書かれた名称が、最終的に特許証に記載されます。私の場合は、単に「ピック」や「ボトルネックバー」という名称でした。

（2）【技術分野】【０００１】この発明は、××の▲▲に用いる◇◇の形状に関する。

↓決まっているわけではありませんが、このような表現が一般的です。【　】は、すみ括弧と呼ばれ、文章の段落ごとに、通し番号を振り、文頭に付けていきます。

（３）【背景技術】【０００２】～【００＊＊】

↓これまでにある、同じ分野の先行する技術について述べます。 この【 】は後日の「拒絶理由通知書」に対する中間手続の際に重要となります。番号が飛んだり重複することがないように気をつけて下さい。

ポイントは、１つの段落の長さではなく、異なる内容を述べるときは、次の【 】で括ることです。

先行技術を示す図があるときは、説明する内容に相当する箇所の図の番号を文章に織り込みます。例えば『回転する円盤部52に接するブラシ53が・・・』のように書きます。

（４）【先行技術文献】

【特許文献】

【００＊＊】

【実用新案文献１】実用新案公開平＊－＊＊＊＊＊（公開実用新案公報）

【特許文献１】米抄２００＊／０＊＊＊＊＊

【特許文献２】米抄２０＊＊／００＊＊＊＊＊

↓あなたが特許情報プラットフォームで見つけた先行技術文献と考える番号を記します。ここではその内容は述べません。

（5）【発明の概要】
【発明が解決しようとする課題】
【００＊＊】しかしながら従来技術では、＊＊＊＊＊＊＊＊するとこととなる。
～【００＊＊】
↓簡単に言えば、あなたの「不平不満ノート」に最初に書かれた事柄です。
（6）【課題を解決するための手段】
【００＊＊】以上の課題を解決するために本願発明は、図＊（代表図、＊は図の番号）のとおり、＊＊＊＊＊構造とした。～【００＊＊】これによって、＊＊＊＊＊となる。

↓どのように課題を解決するのかということを、図と図中の番号の箇所の特徴や動き、働きを使って説明します。
（7）【図面の簡単な説明】
【図1】この発明の一実施形態を示す斜視図（正面図や俯瞰《ふかん》図でも構いません）である。

↓多くは、これが代表図になります。

【図2】従来技術＊＊＊を示す図である。

↓背景技術で述べる従来技術に関する図です。

【図3】本願発明を使用する際の図である。

↓あなたの発明品の説明です。使用する際の、使っている場面を表現できれば申し分ありません。

【図4】～【図＊】

↓必要な数だけ図を説明します。全体図や動きだけでなく、詳細な構造や特徴的な部分構造などの図も必要になるかもしれません。図の要所に通し番号をつけます。その箇所から外側に引き出し線を引き、その先に番号を書き込みます。

これまで先行技術文献を多く参照したあなたなら、この書き方はよくわかっていると思います。この引き出し線が、曲線で描かれる図が多いことに気付かれるでしょう。

この線を描くにはフリーハンドでは難しい。製図用の曲線定規が適しています。私はステッドラーのグニグニ曲がる定規を使っています。漫画を描くときに使われる曲線定規（アニメの最後でくるくる回っているあれ）もいいでしょう。最近では100円ショップでも売られています。

（8）【発明を実施するための形態】

【00＊＊】この発明の一実施形態の1つを、図1に示す。

↓慣用句です。この文章のまま使います。

【実施例】

【００＊＊】実施者は本願発明を＊＊＊＊＊＊＊＊し、従来技術の＊＊＊＊＊＊と同様の動作で＊＊＊を行う。

↓これは内容によって表現は変わると思いますが、要は使い方を説明する文章です。本願発明とはあなたが今回願い出る発明のことを言う慣用句です。

(9)【産業上の利用可能性】

【００＊＊】従来技術では、＊＊＊は、＊＊＊＊するため、理想とする＊＊＊＊の効果を得ることはほとんどできなかった。しかし本願発明は、＊＊＊が＊＊＊＊するため、＊＊＊に対して理想的な動きを行い、＊＊＊＊＊が＊＊＊される。

↓同様に内容に応じて文章を組み立ててください。

【００＊＊】よって本願発明は、従来の＊＊＊＊における操作と同じ動作で(あるいは簡単な操作で・・・・など)理想的な＊＊＊＊ができる。

↓このように括ります。

(10)【他の実施形態】

【００＊＊】図＊の実施形態では、＊＊＊の形状を従来技術の＊＊＊＊を想定しているが、＊＊型、又は＊＊型でもよい。また、従来技術である＊＊＊＊においても、＊＊の部分を本願発明の形状にすることも考えられる。

↓本願発明の他の実施形態について述べます。ここの記述は重要です。これから取り組む請求項は、あなたの発明の技術的範囲を文章で述べるものですが、請求項の数には制限がありません。

すなわち請求項1を第一発明として考え、請求項が5つあるとすると、第五発明まであなたの発明に含まれると主張し、読む側はそのように解釈します。

ここでの【他の実施形態】とは、第二発明以降の内容に関わってきます。基本部分は変わりなく、外見は様々なデザイン化、装飾化が可能なものなどはこれに当たります。出来るだけ多くの可能な実施形態（ただし、あくまでも産業上の利用可能性のあるものだけです）を記述してください。

⑪【符号の説明】1．発光部2．回転盤～＊

↓図面に振った番号の説明です。前記はあくまでも例です。それぞれあなたが名称をつけてください。軸受け部、軸、吸入口などなど、一般的な名称で構いません。明細書で説明が必要な箇所は、全てここに書き出します。

図と明細書の関係はこれでおわかりいただけたと思います。図の箇所を指定しながら文章を書いていくので、文章よりも先に図を書いておく必要があることが理解できるでしょう。

最終的に、⑤図、②明細書の記述、そして③請求項といった書類が、これらをどのように文章で技術の範囲を定義するかということになります。

特許願（願書）

いわゆる「願書」です。次頁のように様式が決まっています（内容はあくまで記入例です）。オンライン出願では印鑑は要りません。マイナンバーカードが身分証明となるからです。

紙出願の場合は、出願人氏名の右側に押印します。この時の印鑑は実印と決まっているわけではありません。しかし、銀行の口座開設に使った印鑑同様、特許出願や商標出願など、初めて特許庁に願書を出したときに押した印鑑は、以降同じものを使わなければいけません。

誤って違う印鑑を押して提出すると、特許庁から文書で訂正を求められます。大切な書類ですから、認印ではなく（紙出願の際は）実印を押印されることをお勧めします。

要約書

要約書は、特許情報プラットフォームで検索したときに最初に出てくる文章です。以下の内容を骨子に、明細書から肉付けしてまとめます。文字数が決まっており

【書類名】　特許願

【整理番号】　130311（あなたが決める番号、下の日付など）

【提出日】　平成30年3月11日

【あて先】

【発明者】　売虎　真心

【住所又は居所】　＊＊県＊＊市＊区＊＊町＊番＊号

【フリガナ】　ウルトラ　マシン

【氏名】　売虎　真心

【特許出願人】

【住所又は居所】　＊＊県＊＊市＊区＊＊町＊番＊号

【氏名】　（出願人と発明者が同一の場合です）

【識別番号】　（初回の出願であなたに付与される。2件目以降は必ず記入）

【予納台帳番号】　（発明協会で教えてくれます）

【電話番号】　＊＊＊－＊＊＊－＊＊＊＊

【手数料の表示】

【納付金額】　15,000円

【提出物件の目録】

【物件名】　（書類名）特許請求の範囲1（複数あればその数）

【物件名】　（書類名）明細書1

【物件名】　（書類名）図面1（複数あればその数）

【物件名】　（書類名）要約書1

「文字数は400字以内とし、簡潔に記載」となっています。

（それが）何であり、何のために用いるものであり、（どのような）構造で、（いかにして）用いることで（どのような）効果をもたらす。

という内容が表現されます。

明細書を書き終えたあなたなら、何も問題はないと思います。なお、要約書には、スミ括弧【　】による段落は使いません。

特許印紙貼付用紙

A4のコピー用紙で十分です。発明協会でオンライン出願するなら、協会で印紙を買い、貼り付けます。領収証も貰えます。割印はしません。誤って印鑑を押すと、無効となりますのでご注意を。

予納書

発明協会では下記の書類を用意してくれます。初めての方はこの方法をお勧めします。

空欄に、その場で手書きで書き込みます。下段の横線の下に特許印紙を貼り付けます。この書類は2回目以降の出願では『予納台帳番号』が必要になります。出願人の識別番号と同様にあなたの番号になるのです。

初めての出願ではこれらは必要ありませんが、2回目からの特許願（願書）その他の書類では必ず必要になります。1枚ものの用紙に書き出しておくと便利です。

書類に加えて必要になる内容を列記しておきます。

出願時その他

◇識別番号

◇予納台帳番号

◇マイナンバーカードのパスワード

◇出願番号

◇発送番号（拒絶理由通知書等に記載）

出願と同時に早期審査請求制度を活用し、また審査請求料減免制度を活用して、仮に全額免除になるならば、印紙は1万5000円です。

予　納　書

平成　年　月　日

特許庁長官　殿

1　予納台帳番号

2　予納者　識別番号

氏名又は名称　代表者　電話番号

3　納付金額　金　　　　円

2分の1免除、あるいは活用しないならば、必要金額の印紙を貼り、その金額を記入します。

出願審査請求書

下図のように様式が決まっています。

早期審査に関する事情説明書

早期審査制度は申し出により行われます。この制度により、審査期間は劇的に短縮されますので、ぜひ活用してください。

申し出ることが出来る人、つまり資格がある人は、

1．審査請求をしていること

【書類名】　出願審査請求書
【提出日】　平成30年3月11日
【あて先】　特許庁長官　殿
【出願の表示】
【出願番号】（上記、特許願と同様です）
【請求項の数】（請求項の数を記入します）
【請求人】（出願人と発明人が同一の場合です）
【識別番号】（上記、特許願と同様です）
【住所又は居所】　＊＊県＊＊市＊区＊＊町＊番＊号
【氏名又は名称】　売虎　真心
【手数料に関する特記事項】　特許法第195条の2の規定による審査請求料の免除
（減免制度の適用を申し出るときに記入します）

2. その発明の出願人の全部又は一部が、中小企業又は個人、大学・短期大学

となっています。

この書類には、あなたが行った先行技術調査によって抽出した先行技術文献を列記し、これらとあなたの発明（本願発明）とを対比して説明しなければなりません。後の『拒絶理由通知書』に対する意見書で述べる内容ほどの詳細な説明は必要ありません。違いを列記するにとどめます。

下記のように様式が決まっています。また、「事情説明」の欄については次のように記載します。

1. 事情　出願人売虎真心は個人である。

【書類名】 早期審査に関する事情説明書

【提出日】 平成30年3月11日

【あて先】 特許庁長官　殿

【出願の表示】

【出願番号】（上記、特許願と同様です）

【請求項の数】（請求項の数を記入します）

【請求人】（出願人と発明人が同一の場合です）

【識別番号】（上記、特許願と同様です）

【住所又は居所】 ＊＊県＊＊市＊区＊＊町＊番＊号

【氏名又は名称】 売虎　真心

【早期審査に関する事情説明】

2．先行技術の開示及び対比説明

（文例）

（1）文献名　先行技術調査を行った結果、文献1、文献2、文献3を発見しました。文献1：実用新案公開平＊－＊＊＊＊（公開実用新案公報）文献2：米抄200＊／0＊＊＊＊＊文献3：米抄20＊＊／00＊＊＊＊

対比説明（※それぞれの文献に対する対比説明例）

文献1の【000＊】から【000＊】、及び【000＊】から【001＊】、図の＊には、本願発明と技術分野は同じ、＊＊＊における＊＊＊＊に関するものが開示されていますが、この＊＊＊＊は＊＊＊＊＊を意図しております。

これに対し、本願発明は、＊＊＊＊の操作方法は従来技術の＊＊＊と変わることなく、＊＊＊＊することで＊＊する点が異なっています。

文献2の・・・・（複数ある内容のそれぞれを対比説明します）

減免申請書

この書類も様式が決まっています。審査請求料減免の申請ならば、下記のとおりです。

証明書

市県民税所得（課税）額証明書などの公文書です。

前述のとおり、市町村民税非課税者として減免（この場合は免除）を申請するのであれば、市町村役場から証明書を取ります。原本を提出します。

郵送書類

以上の書類のうち、特許印紙貼付用紙、減免申請書、証明書の3枚は郵送します。1万5000円、あるいはそれ以上の金額の印紙を貼って送るので、必ず書留か簡易書留での発送にしてください。

【書類名】 審査請求料減免申請書
【提出日】 平成30年3月11日
【あて先】 特許庁長官　殿
【出願の表示】
【出願番号】（上記、特許願と同様です）
【申請人】（上記、特許願と同様です）
【識別番号】（上記、特許願と同様です）
【住所又は居所】 ＊＊県＊＊市＊区＊＊町＊番＊号
【氏名又は名称】 売虎　真心
【申請の理由】 審査請求料の免除（特許法第195条の2）
【提出物件の目録】
【物件名】 市県民税所得（課税）額証明書1

送り先は、「〒100-8915特許庁」だけで到着します。封筒表面に「出願書類在中」と書き込んでください。朱書きでなくとも黒字で構いません。裏には必ずあなたの住所氏名を書き込みます。これを近くの郵便局に持参します。窓口で簡易書留郵便を申し出てください。

この時に受け取る、「書留・特定記録　郵便物等受領証」を必ず保管してください。万が一の郵便事故に対する証明になります。

4 脳に汗かく時代❷

請求項1の重要性

請求項の定義は、「請求項に区分して（複数ある場合）、各請求項ごとに特許出願人が特許を受けようとする発明を特定するために必要と認める事項のすべてを記載しなければならない。」と規定されています。

1つの出願で1つの物に特許を得るわけですが、その物は幾つもの働きをし、その働きの、あるいは構造が、それぞれが発明と呼べるものであるならば、請求項を複数設けて発明の範囲を特定し、内容を書かなければなりません。

そのため多いものでは20以上の請求項が書かれている出願もあります。請求項1を第一発明とし、以降請求項のn数だけ第一発明〜第n発明と連なるわけです。

請求項はあなたの発明のコアに当たります。この請求項の表現は、特許となった後の技術の範囲、すなわちあなたの権利の範囲が決められる文章となるのです。

初めのうちは、この「範囲」というイメージが湧きにくいものです。はっきり言って、専門家以外では、この請求項の組み立てを行うべきではありません。理由はいくつかありますが、何よりも重要なのは、「請求項の表現は、特許となった後の技術の範囲、すなわちあなたの権利の範囲が決められる文章となる」という点です。

特許は排他性の強い権利であるため、権利範囲をめぐる他者との争いになりやすく、いわゆる特許係争がよく発生します。その原因は様々ですが、よくあるのが、この請求項の記載のされ方が十分ではなく、他者からつけ込まれる隙を作ってしまっていることにあります。

例を挙げてみましょう。私が取得した特許の1つ、ギターを演奏する際に用いるピックの請求項です。

右手親指にバンドで装着して、バンドにハトメでとめたピックを手指で動かせるようにした、自由度の高いピックを表現する請求項1です。当初の請求項1は以下の表現でした。

出願時：「手の親指に装着される装着部と、帯板状のピックの一端を装着部に設けたハトメに軸受けさせ、ハトメを支点として回動させることで、保持する角度を可変できる構造を特徴とするピック」

弁理士などの専門家の方が見ると、失笑を買うような内容です。なぜか？　請求項の文章は、1つに付き一文で、つまり句読点で終わる文章が1つだけで表現することが決められています。

上記は、この点は問題ありません。読まれたあなたも、特に問題ないとお感じかもしれません。しかし拒絶理由通知書に書かれた審査官の指摘、つまり拒絶する理由にはこう書かれていました。

「この出願は、特許請求の範囲の記載が下記の点で、特許法第36条第6項第2号に規定する要件を満たしていない」

具体的には、「請求項1には『手の親指に装着される装着部と』と記載されているが、これを受ける述語が記載されていないと考えられるため、当該記載は不明瞭である」

出願前にはこんな私でも、請求項の重要性は理解しているつもりで、前の文章も何度も書き直して、熟考して書きました。しかし、所詮素人なのです。

さらにもっと大きな問題があります。特許係争になりかねない致命的な欠陥です。それは審査官からの指摘ではなく、ある支援窓口で指摘された事柄でした。

「接続するパーツとして『ハトメ』と書いているが、これは良くない。ハトメと書いたなら技術範囲はハトメに限定される。もし他者がハトメ以外の同様の働きをするパーツを用いて模倣品を作っても、『これはハトメではない』という主張が通ることになりかねない」

せっかくの権利が、請求項の文章の書き方ひとつで、活きる物になるか、死んだも同然になるか、極端な話ですが、現実はそうなのです。そこで手続補正書で次のように書き直しました。

補正後：「この装置はギター演奏に用いるピックであり、手の親指付け根近くに装着される装着部と親指先端から親指付け根近くに至る長さの帯板状のピックで構成され、ピックの一端を装着部に設けた回転座に軸受けさせ、回転座を支点として回動させることで、ピックを保持する角度を可変できる構造を特徴とするピック」

この装置は、ピックという簡単な構造の、手の平に乗る大きさのものです。そんな単純な物でも、ここまで神経を使う必要があるのです。補正後の文章も完璧とは言えないかもしれません。

請求項という文章の重要性は、そのテーマだけで一冊の分厚い解説本が書けるほどです。特に請求項1は、メインクレームと呼ばれ、複数ある請求項のうちでも最も重要な項目であり、かつ全体を大括りで包含する表現が必要です。

前記の請求項の定義は「請求項に区分して（複数ある場合）、各請求項ごとに特許出願人が特許を受けようとする発明を特定するために必要と認める事項のすべてを記載しなければならない。」となっています。

仮に請求項が1から5まで設けられ、第一発明から第五発明までを表現するとします。拒絶理由通知書で、請求項5に対してどうしても拒絶理由を解消できないとします。

やむを得ず、出願から請求項5を削除して、残り4つの請求項で権利を取得することになります。この場合は権利の範囲は狭くなりますが、特許査定への道は開けます。

しかし、請求項1に対する拒絶理由が解消できないとなると万事窮す、です。請求項1はメインクレームであり、発明の全体を大括りする請求項だからです。請求項1はこれほど大切なのです。次の一文は太字の大文字にして、赤の傍線を引いても強調し足りません。

請求項、特に請求項1は決して自分だけで考えず、弁理士に診てもらい、添削してもらうこと。

5 初めてチャレンジする人への助言

無料相談を最大限活用しよう

事ほど左様に、知らないと言うことは恐ろしいものです。蛇の道は蛇ではないでしょうが、素人が手を出すべきではない分野は、素直に、専門家に教えを請うべきでしょう。

ちなみに弁理士の無料相談は、私たち利用者が無料なだけで、弁理士の先生がボランティアの無給で行っているわけではありません。一時間の相談料として（標準報酬として）きちんと報酬が支払われています。

あなたは気にせず、何度でも、納得いくまで教えを請うべきです。後で泣きを見ないために、転ばぬ先の杖とはこのことです。

ここからの項目は、出願のときに使えるありがたい制度について述べます。特許取得までにかかる費用を、できるだけ抑えるポイントです。

やっぱりお金はかかります

出願の際には手数料がかかります。一件につき1万5000円です。結構な出費です。私の例をお話しすると、恥ずかしながらこの手数料をなかなか準備できず、3件の出願に3年かけて、1年に1件しか出願できませんでした。

出願の際は昔からある紙の書類を郵送して行う方法と、インターネットを使ったオンライン出願の2つの方法があります。出願の手数料はどちらも同じ1万5000円です。

支払いの方法は書類に専用の特許印紙を貼り付けて送付する方法のほか、あらかじめまとまった手数料を納付してそこから銀行引き落としのように差し引いてもらうという方法もあります。自分に合った使い勝手の良い方法を選択します。

特許印紙は集配局と呼ばれる大きな郵便支店で売っています。近くの郵便局に行ったついでに、どこで売っているか尋ねておくといいでしょう。

出願の際はオンライン出願がお勧めです。自宅からでも出願できるほか、各都道府県の発明協会などで実施されているオンライン出願サービスを利用されると便利です。

専門知識を持つ担当者が無料で手続き（出願のアップロード）をしてくれます。

発明協会にあるアプリケーションは、一般向けに無料配布されているアプリとは違い、出願書類の様式のチェックまで行ってくれる優れものです。初めての方は発明協会にアポイントを取り、指定されたデータ形式でUSBに保存して持参、これを担当者に渡して出願をされるとよいでしょう。マイナンバーカードと出願手数料が必要です。

発明協会でも特許印紙を扱っているので、ここで購入されるとよいと思います。現在は特許庁でも出願の全ての処理がコンピューター上のデータで行われるようになっており、従来どおりの紙出願も出来ますが、その際はデータ化のための電子化手数料がかかります。請求項の数によって結構な金額になりますから、紙出願は避けたほうが賢明です。

さらに紙出願はデータ化に要する時間がかかるため、その後の処理が遅く、現在では何かと不便です。実際に出願される総数のうち90％以上がオンライン出願されているようです。こういったことからも、マイナンバーカードや発明協会の予約など、早めに準備しておくことが肝要です。

審査請求料減免制度の上手な活用

審査請求の手数料は10万円を超える金額であり、可能であるならば、減免を受けたいものです。この本は、どちらかと言うと資産家等のお金持ちではなく、サラリーマンや家庭の主婦向けに書いているので、所得が低く、お金が準備できない人でも審査が受けられる減免制度は、上手に使うべきものと考えます。

根拠条文：特許法第195条の2（出願審査の請求の手数料の減免）

特許庁長官は、自己の特許出願について出願審査の請求をする者であって資力を考慮して政令で定める要件に該当する者が、出願審査の請求の手数料を納付することが困難であると認めるときは、政令で定めるところにより、前条第二項の規定により納付すべき出願審査の請求の手数料を軽減し、又は免除することができる。

関連法：特許法施行令第六章特許料の減免等（資力を考慮して定める要件）第十四条

審査手数料の減免制度の対象者は前出の特許庁のホームページで確認できます。『出願審査請求料及び特許料の減免措置について』を参照してください。

審査請求手数料が免除になる者は、

◇生活保護を受けている者

◇市町村民税非課税者

であり、審査請求手数料が2分の1軽減となる者は、

◇所得税非課税者

◇事業税非課税の個人事業主

◇事業開始後10年を経過していない個人事業主

となります。

ここで大切なのは、例えば無職で収入のない人はどうなるかという点です。減免制度適用を申請するためには、上記のそれぞれの状態を証明する公的な書類を提出しなければなりません。例えば、市町村民税非課税者の場合は、市町村役場が発行する『市県民税所得（課税）額証明書』が必要です。

無職で所得がないならば、実際には税務署に納税をしていないことが多く、その結果、住所地の役場に所得のデータが渡らないため、この証明書は発行されません。

2分の1軽減となる所得税非課税者、事業税非課税の個人事業主も同様です。あくまで実際はある程度所得があり、所得税源泉徴収による確定申告や個人事業主などの青色申告が行われ、その結果所得税が非課税であるなどの状態でなければならないということです。

これは成人している学生でも同じことです。現実にはアルバイトなどによる収入があるにもかかわらず、これを所得申告していなければ、計算上対象者となったとしても、役場の書類が揃わなければ減免対象にはなりません。

区市町村民税の一般的な非課税措置もいくつかあります。

◇生活保護を受けている人

◇障害者や未成年者、寡婦・寡夫で前年中の合計所得金額が125万円以下の人

◇前年中の合計所得金額において

35万円以下（扶養親族がいない人）
　もしくは
35万円×（控除対象配偶者＋扶養親族数＋1）＋21万円（扶養親族がいる人）
後は所得割（所得に応じてかかる部分）のみの非課税や、年税額が100円未満になるため切り捨てて非課税となる場合などもありますが、基本的には右のどれかに当てはまれば非課税となります。

収入のない専業主婦や子供だったら

特許法第48条の3には、「特許出願があったときは、何人も、その日から3年以内に、特許庁長官にその特許出願について出願審査の請求をすることができる。」とあります。

審査請求は、その出願に対し誰でもできるわけです。しかしながら、審査請求の手数料減免制度を使えるのは、前出の特許法第195条の2により、「自己の特許出願について出願審査の請求をする者」に限られます。

つまり、発明人が前記の手数料減免制度を利用できる人であるなら、自分で出願し、この制度を使って審査請求手数料が免除されることになります。

しかしながら、出願人が前出の減免制度の対象者ではない場合はこの制度は使えません。ここで、発明者と出願人を分けた場合はどうなるかを考えてみましょう。

定義によると「出願人とは、出願の願書において『出願人』の欄に記載される者のことをいう。」とあります。特許法第49条6号によると、出願人は「特許を受ける権利」を有している必要があります。

この「特許を受ける権利」が誰にあるかと言うと、「発明の完成と同時に（具体的には試作品が完成した時、あるいは明細書が書き上がった時、などです）発明者に原始的に帰属することになる。」つまり、一般的には発明者が出願人として特許を受ける権利を有している事が自然な状態と言えます。

この出願人と発明者の二者を分けるには、出願人は、発明者から「特許を受ける権利」を譲り受けなければならないことになります。特許法においては、これを「権利の移転」としており、「特許法第33条（特許を受ける権利）　特許を受ける権利は、移転することができる。」とあります。

このように、発明者が「特許を受ける権利」を他人に譲渡した場合は、出願人と発明者とが別人になることになります。

例えば、若干の所得がある妻が、夫の発明に対して出願人となり、妻の所得額を根拠に審査請求において手数料の減免制度を使うためには、夫の発明を妻が譲り受けなければならない、ことになります。その際は「譲渡契約書」を交わしておけばよいでしょう。

子供の発明だったらどうなるでしょう。特許法第7条では、「未成年者、成年被後見人等の手続をする能力」について書かれており、「未成年者及び成年被後見人は、法定代理人によらなければ、手続をすることができない。ただし、未成年者が独立して法律行為をすることができるときは、この限りでない。」となっています。

ここで言う法定代理人とは、親権者、すなわち父母のことです。ただし、条文後半の「未成年者が独立して法律行為をすることができる時は‥‥」の場合とは、民法第753条により、「未成年者が婚姻をしたときは、これによって成年に達したものとみなされ父母の親権から離脱する」ことが根拠となります。

つまり、未成年者の子供の発明は、親権を有する父又は母によって出願されるべし、となります。このとき、上記のように父又は母のどちらかが減免制度の対象者ならば、使えることになります。

このように出願人と発明者を分ける方法は、本来は出願人と発明者が法人と従業員の関係や、発明者が出願の意思がなく、「特許を受ける権利」を、出願を希望する他者に譲渡するような場合を想定して決められています。

費用を少なくするために、減免制度を何が何でも活用して、手数料を免除（つまり只《ただ》にして）されるように持って行こうとする行為は、いかがなものでしょうか。

なお、審査請求料（国際出願以外）と減免制度適用の可否、必要書類等については、特許庁の特許庁審査業務部方式審査課にお尋ねになるのが適切と思います。

第4章

エキサイティング！中間手続編

1 中間手続きこそが本番です

出願時に心がけたいこと

出願の後、1年6ヶ月の間は、出願内容は公開されません。この非公開期間の目的は、いくつかあります。

1つは、出願の後、審査請求を行うかどうかの判断の期間として設定されています。特許出願を行うと、その出願内容は書類の様式その他のチェックを目的として方式審査が行われます。この方式審査で不備があると通知があり、補正を命じられます。問題がなければ通知は来ません。

そして、この点が特許出願の特徴なのですが、特許は出願後3年以内に審査が行われる必要があります。特許の審査は前述の方式審査と、内容に対する実体審査の2つの審査が行われるのです。

このうち方式審査は出願後自動的に実施されますが、実体審査は出願人が（つまりあなたが）手数料を払って審査請求をしなければ実施されません（厳密に言うと、出願人以外が審査請求することも可能です。この点は本書では触れません）。

審査請求金額は11万8000円＋請求項の数×4000円です。結構高額な金額です。個人はもとより、大企業以外ではそうそうポン！と出せる金額ではありません。

このことから、出願は行ったが、審査請求するべきか否か、その判断の期間として非公開期間が設けられています。なんだか思わせぶりな感じですが、実際はこの期間の設定は重要な意味を持ちます。

技術の世界は日進月歩であり、出願後にその技術の価値が当初考えていたほど重要ではなくなることはよくあります。こんなケースを考えてみましょう。

自分の出願より前に他者によって行われていた出願があったとします。仮に1年5ヶ月前に行われていたものが、自分の出願の1ヶ月後に公開され、その内容によって自分の出願は新規性、進歩性その他の理由により特許の可能性がなくなることもあり得ます。

また出願後1年以内であれば、願い出ることによって出願の内容を変更することも可能です。これも出願後の技術の進歩によって当然起こり得ることです。

このような技術分野の特性を考慮して、1年6ヶ月の非公開期間が設けられています。あなたは出願後、最大3年の間に審査請求を行うかどうかじっくり考えればいいわけです。

しかし、出願の内容が生き馬の目を抜くような、競争の激しい企業同士のやり取りのものであるならこのような駆け引きも必要でしょうが、そうでない場合は、お金の算段は必要ですが、できるだけ早く審査請求をするほうがいいと思います。

その理由は何よりも特許権の存続期間の問題です。特許権の期間は出願から20年です。権利存続の期間としては長いほうですが、ここでのポイントは、その期間の開始は出願の時であるということです。

つまり、出願後に「3年間余裕があるから……」とのんびり構えていると、この特許権の期間を無駄に過ごすことになります。仮に3年経過のぎりぎりで審査請求を行うとします。すると早期審査の場合でも審査に3ヶ月～6ヶ月の日数を要し、その後特許査定となっても特許原簿に登録されるまでの期間などを考慮すると審査請求から8ヶ月くらいは見ておかなければなりません。

つまり、出願から3年半を空費することになりかねません。本来ならばその期間のうち、3年は特許を元にジャンジャン稼いでいたかも知れないのです。

急かすつもりはありませんが、無為な時間は何も生みません。出願するからには一日も早く審査請求して権利化を目指すことが肝要です。

ちなみに、審査請求を行わないと判断したときはどうするか。何もしなければ、出願から3年経過した時点で自動的にみなし取り下げとなります。1年6ヶ月の非公開期間中に取り下げを行うと、その出願内容は1年6ヶ月経過しても公開されません。

このようなことを考えると、特許の出願というのは、先願主義による誰よりも早い出願が大切であるとともに、審査請求の実施判断とその時期が重要であることがおわかりでしょう。

出願に際して弁理士による無料相談を必ず実施してください。上記のポイントの他にも外国出願を念頭に置いた優先国主張など、出願のときに最大限有利になるようアドバイスしてもらうことです。

特許庁は審査請求後の審査期間短縮を目的に早期審査制度を設けています。通常の審査請求の場合、審査期間は1年〜1年半の期間を要します。最も早く審査が実施されるようにするためには、出願時に『出願審査請求書』を提出し、同時に『早期審査に関する事情説明書』（後述）を提出します。

これにより審査期間は劇的に短縮されます。私の3件目の特許はこの制度を活用しました。この結果7月半ばに出願したものが、翌年の1月初旬に特許査定となりました。まだ公開もされていない時に、出願から6ヶ月で特許となったのです。そのスピードの速さがおわかりいただけるでしょう。もちろんオンライン出願によるスピード化も一役買っています。

審査請求後のポイント

審査が行われると審査官から必ず通知がなされます（67ページのフローチャート参照）。

出願内容が問題ないものであれば（つまり、何らの拒絶理由がないときは）、黄色のヘッダー書面で『特許査定』と書かれた書類と、登録に関する書類が書留で送付されてきます。

中には一発で特許査定となる出願もあるでしょうが、多くの場合は『拒絶理由通知書』が到着します。私の出願は今でこそ特許になっていますが、審査請求後全て拒絶理由通知書が到着しました。初めて接したときには暗澹《あんたん》たる気分になったことを憶えています。

この拒絶理由通知書に対して意見書や手続補正書を提出しなければ、そしてその結果、審査官に拒絶の理由が解消されると判断されなければ特許査定はおりません。この点は大変重要なので後の章で詳説します。

ここでは手続きのプロセスとして『拒絶理由通知書』の到着があること、そしてこれに対して『意見書』と『手続補正書』を提出する必要があることを理解してください。

『拒絶』という言葉は有無を言わせないような、強い響きがあります。確かに人間社会の中では、この言葉は恨みつらみといったことに縁が深そうですし、断固たる態度で突っぱねられるような、そんなつらい現実を連想させますね。

しかしここで使われる拒絶はそのようなドロドロしたものではなく、単に法律用語として特許に対する反対語として定義され、使われるに過ぎません。

特許出願に拒絶はつきもので、必要以上に神経質になることはありません。

この『意見書』と『手続補正書』の提出期限は『拒絶理由通知書』の発送の日から60日以内に行わなければなりません。特許法で定められている事柄であり、そのために書留郵便で送られてくるのです。のんびり構えている時間はありません。

私はなりふり構わず有給休暇を取り、弁理士の無料相談を利用して意見書と手続補正書を作成するアドバイスを貰いました。

自分の能力では書く自信がなかったので、先生に書いて欲しくて作成の見積もりをお願いしたのですが、とてもお金を準備できそうになかったため、一念発起して睡眠時間を削って書き上げました。

あなたには私のような愚行をして欲しくありません。無料相談を最大限活用して、試作品段階から出願書類の内容、出願の際のポイントなどを同じ弁理士の先生に、それもその技術分野に明るい先生に継続して見てもらっていれば、拒絶理由に対する対策も事前に立てられるはずです。

そうしていれば、審査の際に審査官が取り上げるであろう拒絶の理由を見越して、ある程度意見書の内容を準備できるはずだからです。出たとこ勝負はリスキーであり、愚の骨頂です。敵を知り己を知れば百戦危うからず、孫子の言葉は金言です。

この拒絶理由通知書に対する意見書・手続き補正書の提出の手続きは「中間手続き」と呼ばれます。ある意味、手続全般を通して最もエキサイティングな時期と言えます。提出後は胃の痛くなる時間が過ぎていきます。

中間手続後

数週間から1ヶ月経過すると審査官からの答えが書留郵便で返ってきます。拒絶理由が解消されていれば黄色のヘッダー書面で『特許査定』と（簡単に）書かれています。解消できていない場合は『最後の拒絶理由通知書』が到着します。

実際には、書類はこのように書かれているわけではなく（相変わらず）『拒絶理由通知書』というタイトルなのですが、文面上部に目立つように

＜＜＜＜ 最後 ＞＞＞＞

と書かれるのでこのように呼ばれます。

この通知が来ると、次に提出する意見書・手続補正書による手続が最後の機会です。すなわち、その結果は「特許査定」か「拒絶査定」のいずれかとなります。最後の拒絶理由通知書に対しても、60日以内に意見書・手続補正書を提出します。その

後再び書留郵便が到着します。

運命の分かれ道です。最終的に特許査定となるか拒絶査定となるか、あなたにとって、初めてこの書留に接する瞬間は生涯忘れられない思い出となると思います。もちろん私はその瞬間を昨日のことのように憶えています。いずれにしてもあなたの発明に対する評価が行われる場面です。あなたにとって狂喜の瞬間となりますよう願っています。

最終的に特許査定を通知する書類は「特許査定」とタイトルされ、文面は「この出願については、拒絶の理由を発見しないから、特許査定をします。」と書かれています。そっけない文章ですが、同時に一読しただけで、誰にでも文意がわかる、簡潔な文章です。

文字通り、特許を取得するということは、審査の後『拒絶の理由がない』状態に至った出願に対して法律にのっとって査定されることである、ということがおわかりと思います（フローチャート参照）。

ちなみに意見書・手続補正書を提出しなかったらどうなるか。審査請求を行わなかったときと同じように、この場合は60日が経過した時点でみなし取り下げとなります。ここまでやってきたのですから、ひるまずに全身全霊を注いで取り組んで欲しいと思います。

頑張ったけれども残念ながら「拒絶査定」の通知となった場合ですが、望みがなくなったわけではありません。最終的には査定の是非をめぐって知財高等裁判所で争う方法が残されています。

しかし、この本の目的は法廷のノウハウをお伝えすることではありません。石にかじりついても初志を貫く覚悟であれば、弁理士の先生と相談して進めて行ってください。

特許査定後

審査をクリアしてめでたく特許査定となった場合、同封の書類で登録手続が案内されます(フローチャート参照)。特許は特許庁が管理する特許原簿に登録されなければ権利になりません。簡単に言えば特許の戸籍ですね。

案内に従って1年度から3年度までの登録料を納付することでこの特許原簿に登録され、ここに至って初めて黄色厚紙の特許証が送付されてくるのです。

この3年分の特許料も減免の対象になります。制度をよく理解して、うまく活用してください。

2 審査で行われること

審査官は何をするのか

その発明が特許となるか否かは、審査官によって行われる「審査」にかかっています。方式審査を通過した出願は、前述のように出願の日から3年間の間に審査請求を行わなければなりません。

この審査は、手続き上の名称は単に「審査」なのですが、方式審査と区別するために一般的に「実体審査」と呼ばれます。重要度から特許で審査と言えばこの実体審査のことを指します。

審査官はそれぞれ自分が担当する技術分野の専門家です。その専門家が国内外の先行技術文献を参考に、以下の4つの側面を審査することになります。

◇新規性（特許法第29条第1項に関すること）：それ以前に出願されたいかなる技術、公知の技術とも異なる新しいものであること

◇進歩性（特許法第29条第2項に関すること）：先行技術、従来技術よりも進歩したものであること

◇産業上の利用価値のあること（特許法第2条第1項及び第29条第1項に関すること）

◇その他特許法及び関連法に違反しないものであること（特許法第36条に関すること、その他）

これら4つの側面の中で、最も重要なのは「進歩性を有しているか」どうかの判断です。

新規性は、物の形状やその他が従来技術や先行技術と異なっていれば有していると認められます。しかし、進歩性となると新規性ほど単純ではありません。進歩しているかどうかの定義は、「それまでのいかなる先行技術の組み合わせを持ってしても、当業者が容易に想到し得ない進歩した技術」となっています。発明の真髄と言えるでしょう。

例を挙げてみましょう。一般的なギターは6本の弦が張られています。発明者はこのギターの音色を変えるために、マンドリンの技術を応用しようと思いついたとします。

マンドリンは4本の主弦に対し、それぞれ1本ずつ副弦が張られており、これによって音の高さの同じ弦が2本ずつ並び、連続音であるトレモロの演奏が容易になるとともに、マンドリン独特の音色になります。

そこで発明者はギターの形状に変更を加え、6本の弦に対し、マンドリンのように副弦を加えて、マンドリンタイプのギターにしました。この12弦ギターで特許出願をするとどうなるでしょうか。

新規性の側面は、従来と形状が異なっているのでクリアしているでしょう。産業上の利用価値とその他の要件も問題なかったとしましょう。しかし進歩性となるとアウトです。

この発明は一般的な6弦ギターに一般的な8弦マンドリンの要素を組み合わせただけのものです。ギターやマンドリンの製造やデザインなどに携わる人たち、あるいは演奏家など、いわゆる当業者であれば簡単に思いつく技術であると審査官に判断されるでしょう。

そのためこの出願は特許法第29条を根拠に「進歩性を有しない」ため、拒絶されます。具体的には「この発明は、その出願前に日本国内又は外国において、頒布された下記の刊行物に記載された発明又は電気通信回線を通じて公衆に利用可能となった発明に基づいて、その出願前にその発明の属する技術の分野における通常の知識を有する者が容易に発明をすることができたものであるから、特許法第29条第2項の規定により特許を受けることができない」と厳しく書かれ、すなわち拒絶となるわけです。

やったことはありませんが、ギターの弦を2本ずつの12弦ではなく、3本ずつの18弦にしたところで結果は同じであると思います。

実際には12弦ギターが存在しています。6弦中、低音側の4つの弦に1オクターブ高い副弦が張られ、高音の2弦にはマンドリンと同様に同じ高さの副弦が張られます。その音色はとてもきらびやかで豊かなものであり、12弦ギターでしか出せないものです。

進歩性を見事に表現している例を挙げましょう。これも音楽の分野のもので、主にハモンドオルガンに接続して使用するレズリー・スピーカーという特殊なスピーカーがあります。

このスピーカーは、音の出口が回転するホーンから発せられるようになっています。その結果、聞く人に連続して回転するホーンの音源との距離の違いから生ずるドップラー効果を発生させ、独特のロータリー・サウンドを生み出します。自然法則を利用した見事な技術思想です。

新規性に関しては、このレズリー・スピーカーは、回転するホーン付きスピーカーの形状がそれまでのスピーカーとは全く異なっているので、問題なくOKです。

進歩性に関して、それまでスピーカー自体が回転してドップラー効果を生み出すようなものは存在していませんでした。実際には音の出口となるホーンが、聴く人に対して水平方向に回転することでこれを実現しています。このような発想とそれを実現する技術は、それまで存在していなかったのです。

その結果「その発明の属する技術の分野における通常の知識を有する者が容易に

発明をすることができない物」と判断され、特許を取得しています（US#23,323および2,622,693）。

このレズリー・スピーカーは特許が切れた現在でも、これに代わる技術が出現していません。現代のコンピューターとエレクトロニクスの技術を駆使しても、レズリー・スピーカーによるロータリー・サウンドは再現できないと言われています。

余談ですが、ビートルズのジョン・レノンは、アルバム『リヴォルヴァー』の収録曲『トゥモロー・ネヴァー・ノウズ』のヴォーカルで、自分の声をレズリー・スピーカーに通して歌っています。

この曲のヴォーカルは、いつもの自分の声をダイレクトに録音したのでは曲の雰囲気を作れないと判断したジョンは、スタジオのエンジニアであるジェフ・エメリックに「ダライ・ラマのような声にしてくれ」とか「４０００人の修行僧が山の頂で歌っているような声にしてくれ」などと注文を出しました。はっきり言って、当時の技術と機械では無理難題です。

ジェフはヴォーカルをレズリー・スピーカーに通し、ロータリー・サウンドによる、ふわふわと浮遊感のある音にすることでこの難題に応えています。

ちなみにジョンはこのレズリー・スピーカーによる音をいたく気に入り、別の曲では、ヴォーカルのロータリー・サウンドを得るために、マイクの前で自分がロープで宙吊りになり、くるくる回って歌うことで実現させようとしたと言います。

そんな危険なことはさせられないと、この企画は没になったとのことですが、実現していれば、理論的にはロータリー・サウンド・ヴォーカルを生み出したことでしょう。

理論的にはと書いたのは、この考えは現実的ではないためです。ロープでぐるぐる巻きにされて、宙吊りになって回転しながら歌うことは、いかに天才ジョン・レノンでも困難です。進歩性の要素を理解していただけたでしょうか？

審査における進歩性の要素は、最も高いハードルです。私の場合を例に取ると、到着したある拒絶理由通知書に並んだ引用先行技術文献の数は、6つありました。それぞれ過去に特許となったものばかりです。

審査をした審査官は、私の発明はこれら6つの先行技術を合わせれば実現するものであるので拒絶する、と通知したわけです。

私はこれら6つの先行技術のいかなる組み合わせ、2つあるいはそれ以上、あるいは全てを合わせても当業者が簡単には思いつかないものであると、意見書で主張しなければなりませんでした。

脅すわけではありませんが、この壁を突破するのは容易ではありません。前記の新規性を満たしていても、この進歩性を満たしていないと判断される場合は特許とはなりません。

新規性と進歩性の関係もこれで明らかです。簡単に言えば、進歩性がないとして拒絶された場合は、（文面には表記されませんが）新規性は満たしていることになります。

先行技術調査の重要性

手続の順序として出願の後に、あるいは出願と同時に審査請求を行い、審査の結果、拒絶理由通知書が来ることになります。

前述のように、現実には拒絶なしで一発査定になる出願は稀だと言われます。なので、到着した拒絶理由通知書に接してあわてることがないように、出願の時から予想される拒絶理由に対する準備をしておくことが大事です。

審査官による審査が特許庁にあるデータベース、特許情報プラットフォームの範囲で行われることを考慮すると、あなたは出願前から、具体的には試作品を作る時期から先行技術調査を行っていなければならないことがわかると思います。

特許情報プラットフォームは転ばぬ先の杖です。敵を知ることは戦いの準備のうちでも、最も基本であり、重要なことなのです。

審査請求―決断の時

特許出願をするならば、審査（実体審査）は避けて通れません。前述の通り、審査を受けるためには手数料が必要です。10万円を超える金額です。一般の方が気軽にポン！と出せる金額ではないでしょう。この費用をなかなか捻出できないまま、期限の3年が過ぎてしまうこともあり得ます。そうなってしまっては、後々まで後悔するかも知れません。

何事にもお金の問題はつき物です。腹を括って審査を受ける決断をされることをお勧めします。ここにも拾ってくれる神があります。前述した特許庁による「出願審査請求料及び特許料の減免制度」です。

上手に活用することを強く勧めます。この審査請求の費用というハードルを越えることは、発明を特許にしていく苦労の上で、ストレスを軽減する大きな助けになるからです。

出願をした以上、審査を受けるかどうかは必ず決断しなければなりません。お金の問題を横に置いて、この問題をどう捉えるか、私の考えを述べましょう。

出願する以上、審査は必ず受けるべきです。出願後の調査の結果、特許に至らないことが確実であると判断される場合は、取り下げということもあります。

しかし、あなたの発明、そしてその技術は社会の役に立つものです。あなたやあなたの周りの人に役立つなら、確実に世の中の役に立つでしょう。

審査の実施を請求し、受けるべきと考えます。私は当初、恥ずかしながら減免制度を上手に活用することができませんでした。

3年の間に毎年1件ずつの出願を行い、3件目の出願に至ってようやく減免制度を活用することができ、3件同時に審査請求をしました。

その結果一時に3つの「拒絶理由通知書」が到着するという、悪魔のシナリオのような現実に直面しました。

こういった経験から感じるのは、「出願と同時に審査請求を行う。それも早期審査制度を活用する」という方法です。

「早期審査制度」とは、一般的に審査請求から特許査定まで通常1年以上かかる期間が、1・5ヶ月～数ヶ月に短縮される制度です。早期審査制度には特別な費用はかかりません。個人であるならば誰でも活用できます。

早期審査の申し出には『早期審査に関する事情説明書』という書類が必要で、この書類中には先行技術に関する記述が必要です。個人の出願の場合は必ずしも書かなくともよい、となっているようですが、書いたほうがいいでしょう。

私が考える「出願」「同時に審査請求」「しかも早期審査」という出願の仕方は、書類の準備が大変ではありますが、特許出願における大切なポイントを多く含んでいます。

まず、出願時に先行技術調査を終えておかなければなりません。そして先行技術に対するあなたの「本願発明」の新規性、進歩性を『早期審査に関する事情説明書』である程度述べることになります。

ある程度と言ったのは、新規性・進歩性に対する主張は、この後に到着する「拒絶理由通知書」で通知される審査官の指摘に対する意見書で、詳細に述べることになるからです。

この方法のメリットは、審査を行う審査官に対し、あなたの本願発明とこれに対するあなたの考えを、明細書とは違った視点で捉え、伝えることが可能になるということです。

もちろん審査官は審査のプロですから、あなたの記述通りに事が運ぶわけではありませんが、少なくとも異なる技術分野に迷い込むことなく、本願発明についてあなたが先行技術との関係を正しく捉えていることを示すことになります。

ここまでのプロセスをもう一度おさらいしておきます。

1. 試作品の作成（アイデアを形にする）
2. 特許情報プラットフォームで類似の技術を検索し、先行技術文献を揃える。
3. 出願書類、特に明細書、図、請求項を書く（※請求項は、必ず添削を受ける）。
4. 先行技術文献との比較を行い、これを文章化する。
5. 出願の一件書類を揃える。

6．出願する。その際は同時に審査請求を行い、早期審査制度を活用するために『早期審査に関する事情説明書』を添える。

となります。

そしてその時々で弁理士の無料相談を活用し、特に先行技術に関することと、請求項の文章化については必ず専門家の意見を聞いてください。

さあ、決断の時です。お金の準備に苦労するかもしれませんが、どの道大変な作業が待っているのです。意を決してルビコン川を渡ってください。

3 中間手続きですること

特許は拒絶理由通知書が本番

いよいよ『拒絶理由通知書』がやってきました。ここであなたがしなければならないことは、拒絶理由を解消するために意見書を書き、さらに意見書に沿って請求項と明細書を補正する（書き直すこと）です。

特許法第36条による拒絶理由ならばあまり神経質になる必要はありません。しかし、拒絶理由に違いはないのですから、通知書の文面をよく読み、補正案を起こします。

第36条による拒絶は、文面の不備を指摘するものです。日本語で書かれている以上、これを読む人があいまいな解釈をしてしまう文章は、技術を定義する書類として許されません。特に請求項は技術の範囲を明確に定義しなければなりませんから、一言一句、正確な表現が必要です。

第36条に関する拒絶理由を読むと、審査官の指摘は、場合によっては「何もそこまで・・・、読めばわかるだろう」と感じる時もあります。だけどちょっと待って！ あなただけが読み、あなただけが使うノートやメモならばそれでも構いません。

しかし特許出願の請求項と明細書は、国家が特許であると認めなければならない、厳然たる書類になるものなのです。

特許になった後、その後にされる他の出願に対してあなたの書類の内容が先行技術文献として引用されることになります。特許庁のベータベースに残されるだけでなく、レベルの高い発明の書類として、以後使われていくことを考えれば、読んだ人が等しく同じ解釈ができる文章が望ましい。

格調高くとまでなくとも、わかりやすく平易な表現で、明確な文章となるべきです。審査官の指摘を熟考して取り組んでください。

進歩性の有無を問う第29条による拒絶は、特許取得までの道程の最大の壁です。自分だけで考えることをせずに弁理士の無料相談に駆け込みましょう。大げさに言っているのではありません。60日以内に意見書と手続補正書を提出しなければこれまでの努力がフイになってしまうのです。

無料相談に行く前に拒絶理由通知書に列記されている引用先行技術文献の内容をプリントアウトしてください。アメリカや他国の文献が含まれているときは、自分で探し出すのが難しいかもしれません。そんなときは通知書を持って発明協会に行ってプリントアウトしてもらって下さい。これまでの関わりで発明協会の方と親しくなっているのであれば、メールでもいいかもしれません。

とにかくやることは2つです。

1．通知された先行技術文献を全てプリントアウトする（文面及び図）。
2．自分の出願書類と試作品、通知書、プリントアウトした先行技術文献の束を持って弁理士の無料相談に臨む。

審査官が通知する書類の拒絶の理由は、請求項ごとに整理されて通知されています。仮にあなたが出願において請求項1と請求項2の2つの請求項を設けていたとします。通知書には拒絶の理由として、どちらの請求項にも同じ先行技術文献が引用されていることもあります。

ここで重要なのは、審査官はいかなる理由でこれらの先行技術文献を参考文献として引用列記したか、ということです。

意見書の書き方

例を作ってみましょう。あなたは出願において請求項1と請求項2の、2つの請求項を設けています。拒絶理由通知書では請求項1に対しA、B、Cの3つの先行技術文献が引用されました。

請求項2においては請求項1と同じAと、請求項1では引用されなかった別のDという2つが引用されています。

ここであなたが行うことは、請求項ごとにあなたの発明（本願発明と表現します）の進歩性を主張しなければなりません。手順は次の通りです。

請求項1に関して、本願発明は引用文献のA＋B、又はA＋C、あるいはA＋B＋Cでも思い至らない、又は実現できない動きと効果をもたらすことを強調し、これを根拠に進歩性を主張するという方法を取ります。

同じく請求項2に関しても、A＋Dでは思い至らない、又は実現できない動きと効果をもたらすことを強調します。

これにより、請求項1及び請求項2においても引用された先行技術文献の組み合わせでは、本願発明に至ることは当業者にも想到できない、と主張するわけです。

簡単に書いているようですが、実際には「思い至らない」「実現できない」という内容を言葉で表現するのは難しいものです。この文章の組み立ては、この章の後半で紹介しているホームページを参考にされるといいでしょう。

具体的には、まず通知書の指摘に沿って、請求項1とAの共通点あるいは類似点を、図の詳細な箇所を、番号を用いて確認し、次いで相違点を述べます。同様に請求項1とBの共通点あるいは類似点を確認し、次いで相違点を述べます。その上で本願発明はA＋Bをもってしてもその動きや効果を実現できないことを述べていきます。

A＋Cの組み合わせ、さらにA＋B＋Cの組み合わせについても同様です。請求項2についても同じ論法によって組み立てます。

大切なポイントがあります。それは審査官がなぜAを一番目に持ってきているか？という点です。

拒絶理由通知書は特許庁の公文書です。請求項1について、そこに先行技術文献の引用が3つ、A、B、Cの順で並ぶなら、その順番に意味があります。残念ながらその意味は、審査官は書き添えてはくれません。しかし、意味があるならばそれは間違いなく重要度の順です。

審査官はAに関する事柄が一番重要であると考えており、そのAにBを合わせた時に、あるいはAにCを合わせたならば、これらA、B、Cは公知の技術であるので、当業者が容易に想到するはずである、よって出願人（あなた）の発明は進歩性を認められない、というのが審査官の見解なのです。

つまり、意見書で進歩性を主張するときに、論理的展開をするためには、先に書いたようにまずA＋Bに対する主張、次にA＋Cに対する主張、そしてA＋B＋Cに対する主張という順番で書くべきです。

審査官に対して、論理的展開によりあなたの主張がよく伝わるはずです。しつこいようですが、書く前に、そして書き上げたなら、必ず弁理士の先生に診てもらいましょう。診断してもらうのです。いいですね。

4 意見書作成の注意点

結構スリリング

この拒絶理由通知書が到着してから始まる中間手続は、特に第29条に関する意見書の作成は、出願に始まる全手続の中でも最もスリリングなものです。

審査官はあなたの敵ではありません。内容が間違いなく進歩性を認められるものであるならば、審査官は法律にのっとり、あなたの出願を特許査定しなければなりません。それが彼らの仕事です。

審査官にとって望ましい書面は、あなたの主張が論理的であり、平易な文章でわかりやすく、簡潔に書かれていることが大切なのです。だらだらと同じことが繰り返されたり、やたらと大上段で上から目線であったり、逆にへりくだりすぎて媚《こび》を売るような印象を与える文面は論外です。

コツは、一つの文章をあまり長いものにせず、箇条書きを用いるなど、読みやすいものにすることです。使う語句も、技術的に代用がない名称は別にしても、新聞や雑誌で使われる語句を使い、必要以上に難しい表現は避けましょう。

特に語句については特許出願でよく使われる慣用句のような技術表現が存在しますが、素人は手を出さないほうが無難です。

語句は意味を持ち、特に技術用語はその語句自体が使用目的や技術範囲を限定する場合があります。これによって審査官は、あなたの意図とは違う解釈をしてしまうかもしれません。気をつけましょう。

請求項の範囲と明細書の内容が結果を左右する

意見書で行う主張は明細書の範囲で行わなければなりません。請求項や明細書に盛り込まれていない、新しい概念や内容を用いることはできません。新しい図を加えることもできません（ニューマター禁止の原則）。

ただし、意見書によって行われる主張及びその表現によって請求項や明細書の内容を補正しなければならなくなる場合があります。これは認められており、手続補正書によって補正します。

補正箇所には補正を行ったことがわかるように下線を引くことが慣例です。このことから、出願時の明細書には、本願発明に関する最大範囲の内容を盛り込まなければならないことがわかると思います。

特許情報プラットフォームで日本国内の様々な出願の明細書を見ていると、ところどころに下線が書かれているものがあります。これが前述の補正した結果です。つまり、最初の明細書の文言を、中間手続きの際に手続補正書で書き換えた証拠なのです。

ここでも無料相談を活用

拒絶理由通知書に対する意見書と手続補正書は60日以内に提出しなければなりません。「2ヶ月もある」とお感じかもしれませんが、到着後にあれこれ考えているうちに、あっという間に20日位は経ってしまいます。

あなたはプロの作家や記者ではないのですから、締め切りぎりぎりに原稿を書き上げる特殊な作業を日頃から行っているわけではないでしょう。下手な考え休むに似たり・・・ではありませんよ。プロの下に駆け込むことです。

このことからも、出願の際に先行技術調査を綿密に行うことの重要性を理解いただけると思います。通知書に引用された先行技術文献が、あなたと弁理士の先生が出願時に調査したものと同一であればしめたものです。十分に対策が練られているはずだからです。

それでも、必ず試作品と出願書類、通知書と引用先行文献の束を持って相談に行ってください。もうおわかりですね。先生と相談しなければならないのは、審査官がなぜAを最初に持ってきているのか、その意味を推量すること。

A＋B、A＋C、A＋B＋C、そしてA＋Dの組み合わせに対する進歩性を主張する論理の組み立てと表現方法を作り上げることです。明細書の文言を用い、これらを証明する作業になるわけです。

どうです？　一人でできますか？　悪いことは言いません。特許にしたいなら、プロの力を借りてください。

ネット上のわかりやすいホームページ

インターネット上で、意見書と手続補正書の書き方をわかりやすく解説してくれているホームページがあるので紹介しておきます。

◇かたかべ事務所　意見書、補正書の作成方法
http://www2s.biglobe.ne.jp/~alhad/pt-ofice.htm

◇弁理士遠山勉　意見書作成マニュアル
http://www.ne.jp/asahi/patent/toyama/jitsumu/iken.htm

出願から1年間のスケジュールを立てよう

このように出願からの期間は、特許査定を得るまでいくつかのハードルが待ち構えています。このことを踏まえて、出願の際には1年間のスケジュールを立てておくと良いでしょう。

誰にも相談せず安易に「いけそうなアイデアだから、取りあえず出願してみるか」は、お勧めしません。あなたのアイデアは特許となり、社会に有用な技術になるべきものです。それにふさわしい扱いをしてあげましょう。

このスケジュールも出願前に弁理士の先生にアドバイスしてもらうべきです。優

先国主張など、外国出願を予定しているなら尚更です。

このようにポイントを並べていくと、日本弁理士会の無料相談制度は実にありがたい制度です。特許に限らず、実用新案、意匠、商標といった知財の全てにおいて専門家の先生の知恵を借りるべきです。まさに先生と呼ばれるにふさわしい、頼もしい助っ人です。

5 支援機関一覧

探せば見つかる無料の助っ人

ここに掲載したのは、２０１８年3月時点の内容です。年度が替わると変更になることもありますので、ご利用の際はそれぞれの機関にお尋ねください。巻末に都道府県別一覧表を添えました。

掲載先は重複しているものも多くありますが、これは国や日本弁理士会の別々の事業の請け負い先が、地方では同じ機関が負っていることがあるためです。

①日本弁理士会無料相談

特許を取得しようとするときに最も頼りになる、強力な助っ人です。相談は予約制です。事前に電話をかけて必ず予約をしてから訪ねてください。

日本弁理士会は全国に支部があり、北海道、宮城県、東京都、石川県、愛知県、大阪府、広島県、香川県、福岡県の各支部で無料相談を行っています。

会場によってはインターネット上で「常駐」と書かれているところがあります。これは「いつでも連絡なしに来てください」では決してありません。さきにも触れましたが、弁理士の先生はそれぞれ専門分野を持っており、最初に相談に行く時にはその日の当番弁理士の先生の専門分野はわかりません。

予約の電話でわかるときもありますが、電話の時は窓口の担当者が受け答えして予約を入れてくれるので、その日の先生の専門を詳しく知っている人は滅多にいません。

なので、初めて無料相談に臨むときには、最初の挨拶後すぐに先生の専門分野を尋ねてください。その上で、先生に話を聞いてもらいましょう。

あなたの創りだした発明品がどの分野のものなのか、その先生に継続して担当してもらえるのか、あるいは別の先生を紹介してもらうのかが、早い段階で明らかになります。

お互いに時間とエネルギーの節約というわけです。

②知財総合支援窓口

これは経済産業省特許局が行っている支援事業の実施機関のことで、多くは各都道府県の発明協会が窓口になっています。

日本弁理士会が行う無料相談とは別に、様々な場所で無料相談を行っています。利用する私たちにとっては、弁理士会による無料相談と何ら変わらないのですが、実施機関が異なるために、日本弁理士会の支部がある都市では、支部実施の会場とは別の会場に出かけていくことになりますので、間違わないようにしましょう。

知財総合支援窓口の無料相談の特徴は、弁理士以外の専門家も参加していることです。

具体的には、弁護士、特許コーディネーター、海外知財法務専門家、中小企業診断士、ユニークなところではデザイナーやデザインコンサルタント、ブランド専門家が参加しているところもあります。

実際私が無料相談に行った時も、特許コーディネーターが同席していました。これはこれで、幅の広い収穫がありました。

この機関を活用するときに大切なことは、「何を聞きに行きたいのか」を予約の時からはっきりさせておく必要があるということです。ここまで読み進んだあなたならもうわかりますね。

中間手続きの拒絶理由を解消するための相談なら、絶対に弁理士の先生です。請求項の文言の組み立ても同様です。

このことのコツをつかむには、最初のうちは必ず弁理士の先生による相談を願い出ることです。

ちなみに、弁護士は、総合的な法律の専門家です。弁護士の中には弁理士を同時開業している人がいます。弁護士の資格を持つ人は、それだけで弁理士を開業することができるからです。

弁理士を併営していなくても、弁護士としてすべての法律をアドバイス出来るのですが、弁理士の業務範囲というのは、幅広い技術に関する知識が必要です。特許を取りたいならば、弁理士の先生の相談をお願いすべきでしょう。

③発明協会

発明協会はすべての都道府県にあり、弁理士会と同様に強力な助っ人です。まず知財総合支援窓口は発明協会が取次をしています。お住まいの地域で初めて無料相談に行くなら、最初に発明協会に電話すると、あなたの希望に添った手配をしてくれます。

巻末の一覧表を見ていただけるとわかると思いますが、都道府県によって実施場所の数は差があります。大都市圏で多いのは納得ですが、地方都市でもたくさんの会場がリストアップされているところがあります。

複数あるところは上段の会場が中心となる会場です。その他は月の実施回数が少ない、あるいは定期ではなく、臨時に実施される会場だったりします。前述の弁理士以外の専門家が出張してくれる場合もあります。

発明協会のもうひとつの魅力は、特許を始めとする知財全般の情報が集まっていることです。私たちにとってはうれしい様々なセミナーや企画、法改正、イベント、有利な制度などの情報がチラシや冊子になってところ狭しと用意されています。たくさん持ち帰ってください。

見るとわかりますが、ここに置かれているチラシなどの情報は、日常生活ではほとんど接することがありません。なぜか、新聞などでもあまり報道されないものが多くあります。

発明協会では、オンライン出願で最もお世話になると思います。オンライン出願は自宅のパソコンからでも出来ますが、私は発明協会にデータを持って行って共用パソコンと呼ばれる協会のパソコンで出願や中間手続きをやってもらうのがベストだと思います。

特許印紙を買うことが出来るのも大きなメリットです。予納書も使うことが出来ます。

さらに、何件か手続を続けていると、協会の人たちと顔見知りになります。この方々と人間関係を創ることは、これからの発明ライフに必ずプラスになります。

④経済産業局（地方）

全国にある経済産業局では、担当課の名称は様々ですが、特許取得、商品化、資金調達としての助成金申し込みの相談まで受け付けてくれます。

⑤都道府県等中小企業支援センター

この機関は特許取得というよりも、取得にした後にいかにしてビジネスに結び付けるか？という問題に協力してくれます。残念ながら、すべての都道府県にあるわけではないようです。

インターネットの検索ページで、お住まいの都道府県名と中小企業振興センターの2つをキーワードにして検索をかけると出てきます。

注意する必要があるのは、この機関の目的は名称のとおり中小企業のための支援機関であるということです。なので、基本的に個人に対しての支援はできないのです。

ただし、必ず法人でなければならないわけではありません。個人事業主は立派な中小企業です。例えば、私がそうだったように、たとえサラリーマンでも所轄の税務署に開業届を出していれば、それは屋号を持つ事業所であり、この機関の支援対象となります。

相談に行く時にまだ開業届を出していなくても、「この発明の商品化をにらんで開業します」と伝えれば、話は聞いてくれるでしょう。いわゆる「法人成り」と同じ、事業所成りの予備軍というわけです。

⑥パテントエントランス

この機関もすべての都道府県にあるわけではないようです。特許に限らず、知財全般の相談に乗ってくれます。

第5章

ビジネス編
特許になったなら

1 マーケティングを考える

売れる商品を作る

特許は技術思想の評価です。わかっていることですが、特許になったからといってそれがそのままお金になるものではありません。権利そのものを売却する、という方法もあります。その発明が大変価値が高く、買い手があり、自分では世に出していくことが出来ないような場合は売却もひとつの方法です。

しかし、自分で作り出した特許には愛着があるものです。権利は誰にも渡したくないと考えるのが人間です。これをお金にするためには、売れるものにしなければなりません。

もしあなたが作り出した特許が簡単な作りで、製品の運搬に冷凍や真空といった特別な管理も必要なく、簡単に言えば自分で製造したり町工場に頼んで作れるものだったら、権利を保持したまま販売まで持っていくことが可能です。その際は以下の点を考慮しましょう。

製品のデザイン、素材をもう一度見直して考える

売れる商品にするためには、買い手が思わず手に取ってみたくなる魅力的なビジュアルが必要です。

製品・パッケージのデザイン、使い勝手の良い、そして耐久性のある素材の選定をしてください。特にデザインは重要です。製品そのもののデザインは言うまでもありません。

見落としがちですが、パッケージのデザインは最重要です。買い手がつい手に取って見たくなる、目を惹《ひ》くデザインは売り上げを大きく左右するはずです。同じ意味で商品のキャッチコピー、タグラインといった、いわゆるマーケティングの要素を重視してください。

こういった課題も相談できる窓口があります。全ての都道府県ではないかもしれませんが、中小企業庁が開設している相談窓口で相談に乗ってくれます。都道府県によっては、無料でデザインをしてくれるセクションもあります。探せば見つかるものなんです。

製品の図面を作ろう

自分で製造する場合も町工場で作ってもらう場合も、物を作るときには図面が必要です。試作品と異なり、製品は均一性が求められます。同じ値段なら同じ性能であるべきだからです。

製造の際に、あなたのノウハウでしか作れない場合は大変です。それはあなたにしか作れないからです。量産する考えがないならばそれもいいでしょう。

例えば、製品には装飾が付き物です。その装飾にプリントや彫刻といった細工で、一品物で勝負するときは、自作の注文販売という形が良いでしょう。

しかし、この場合も製品の基本的な性能は均一性が必要です。手作業では同じものを作るのはなかなか難しい。料理と同じで、プロには再現性が求められるのです。いずれにしても、製品の図面は必要です。これをどうやって作成するか。私はとても苦労しました。文系出身の私は、図面作成の経験は中学校の技術家庭科の授業で少しやったくらいしかありません。

ましてR(円弧の線や曲面)をどのように測って図面に描いていくのか、そんなことでさえさっぱりわかりませんでした。

現在ではCADという素晴らしい製図ソフトがあります。しかし、その方面の基礎的な知識がない私にはお手上げだったのです。

ここにも拾う神がありました。中小企業支援センターに相談したところ、図面作成を安価で請け負ってくれるＮＰＯ法人を紹介してくれたのです。無料ではありませんが、本業の業者に頼むよりもずっと安く作ってくれたので大変助かりました。

プロ級とまでいかなくても、自分で製図をしてみようという方には、フリーソフトのＪＷ－ＣＡＤがお勧めです。木造建築やコンクリート造りのＲＣ構造の図面レベルまで幅広く使われている、信頼できる製図ソフトです。私も使っています。インターネットでダウンロードできます。

経験のない方がいきなり図面作成をするのは正直大変です。独学も可能と思いますが、使い方の基礎くらいはちゃんとした図解入りの書籍で勉強するのがいいでしょう。書店でＪＷ－ＣＡＤの解説本が販売されています。

図面を元にサンプル品を作る

サンプル品は試作品とは違い、売るための製品と同じレベルの品物です。メーカーに売り込むにしても、その他のどんなところに持ち込む場合でも必要になります。町工場や心得のある人に作ってもらうといいと思います。

中小企業支援センターに相談すると、このようなサンプル品作成を請け負ってくれるところを紹介してくれます。数量によりますが、ある程度資金が必要になるでしょう。

「特許になったんだから、出願のときの図と明細書、それと試作品だけで十分なんじゃないの？　相手はプロなんだし」とお考えかもしれません。確かに相手はその道のプロかもしれません。

しかしあなたが持っていくものは特許となった技術です。これまでどこにも存在していなかったものであり、進歩性を認められた、当業者でも容易に想到し得ないものなのです。

海を見たことがない子供に海の説明をする場面を想像してください。あれやこれや身振り手振りで説明するよりも、一番良い方法は、その子供を海に連れて行くことでしょう。浜辺の波打ち際まで行って、裸足になって波を体験させることです。ひとすくい海水を舐めさせることです。

これは学習理解の基本的な事柄です。物には質量があり、人間は目で、耳で、重さで、匂いで、手触りでといった五感をもってこれを理解します。ましてあなたの特許はこれまで存在しなかったものなので、当業者にとっても説明と図、そして試作品だけでは理解しきれないかもしれません。

2 販路を考える

どうやって売る？

昨今はインターネットショップが花盛りです。あなたが自分でホームページを開設し、ネットショップを開いてそこで通販をすることも可能でしょう。ここは大事な場面です。早急に物事を決めてしまうと後で泣きを見ることもあります。個人のネットショップを運営するとなると結構大変です。

まず、商用のホームページを持たなければなりません。次にページの制作にエネルギーをとられることになります。さらに出来上がったホームページを、たくさんの人に訪問してもらうためにSEO対策と呼ばれる様々な対策を採らねばなりません。こういった事柄は発明とは異なる、いわゆる売るためのエネルギーを大量に注ぎ込まなければなりません。

結論を言うと、これは私の持論ですが、その商品の販売ルートに食い込めるだけの自信がなければ、自分では販売をしないことです。では誰にやってもらうのか。餅は餅屋です。

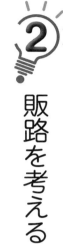

こんなビジネス、素敵じゃない？

販売は、自分で売るか人に売ってもらうかの二者択一です。売ってもらうための方法を考えるとき、いくつかのパターンがあります。

①大手のメーカーと実施許諾契約をして、製造・販売を全てやってもらう

あなたは契約で取り交わした売り上げの5～10％といったロイヤリティ（報酬）を受け取ります。

権利収入の典型的な方法です。いわゆる丸投げの形です。日本には製造者責任法という法律があり、製品に起因する何らかの事故が起こったとき、その責任は製造者にあるという決まりがあります。このメーカー丸投げの方法は、この責任をメーカーが負ってくれることになります。

また、わずらわしい売るための「あーでもない、こーでもない」に関係なく、あなたは売れた分だけの報酬を、書類に毎月ハンコを押し、後は銀行口座への入金を確認するだけです。実に快適な状態ですね。

メーカーの営業努力があなたの報酬に直結するわけですから、あなたとしては報酬を貯めてこの会社の株でも買っていきたい気分になることでしょう。

②大手が取り合ってくれないときはどうする？

ここは思案のしどころです。インターネットを探してみると、中小企業や個人のネットショップであふれています。こういったショップは常に売るための商材を探しています。

ここにアプローチしてみるのも方法のひとつです。ただし、これら中小零細企業や個人は資本力に乏しく、製品の製造までできないことが多いでしょう。そうなると製造はあなたが行わなければならなくなります。さらに来客数の目安となるネットショップの閲覧数も大手メーカーには及ばないでしょう。

前述の大手メーカーとの実施許諾契約よりもあなたの手を煩わせることになります。メリットとしては、製品当たりの利益幅が大きくなることです。あなた自身が製造を行わない場合でも、その製品を町工場で作ってもらい、あなたがショップに納品するわけです。

あなたには、材料と製造に必要となる資金が求められます。当然ショップとの間に特約店契約あるいは代理店契約を結ぶ必要があります。また納期も厳しく管理しなければなりません。

③直接ショップに卸すのではなく、その業界の問屋に納入する方法

2よりも利幅は小さくなりますが、「どこで売ってもらうか」については問屋さ

んの力次第ということになります。この方法のメリットは、ある程度の数（ロット単位）で納入ができることです。

どんなものでもそうですが、製造にかかる費用は数が多くなれば単価が下がります。ショップに対する納品の管理も問屋さんが行うことになりますから、あなたは製造に関するコントロールだけを考えればいいことになります。

製造の資金は必要になりますが、2のようにショップや代理店、特約店に直に接する必要のないこの方法はストレスの少ない方法です。

難点は、問屋の存在を見つけにくいことです。最近では問屋自身もネットショップなどを持っているケースもありますが、大手の力のある問屋は一般の素人にはなかなか見つけられません。

④代理人にやってもらう

上記の①～③をあなたの代理人に委託する方法があります。つまりあなたの特許の権利を貸すわけです。当然、代理人は報酬を受け取るわけですが、これも代理人の腕しだいで高収入が見込めるでしょう。

ただし、代理人との間には代理店契約などのしっかりした契約を結ぶ必要があります。あなたとの信頼関係も必要です。うまくいっている時は問題ないでしょうが、トラブルが起きたときには泥試合になりかねないのがこの方法です。

あなたがサラリーマンで家庭のご主人なら、奥さんがネットショップでこれを売っていく……なんてのもいいかもしれません。特許の数が増えて、いくつもの業界にまたがるような状態になってきたら、あまりよく知らない業界の製品についてはⒶのメーカー丸投げがいいかもしれません。

やっぱり無料相談は重宝します

こういったマーケティングも含めた悩みも、無料相談に持って行きましょう。弁理士の無料相談でも構いませんし、政府機関や自治体の相談窓口でも構いません。どこかのメーカーと話が進んでいる最中でも、全体の資料を持ち込んで相談に乗ってもらいましょう。

何といってもこちらは素人です。メーカーやショップに悪意があるとは言いませんが、ここでも転ばぬ先の杖です。

悪質業者に注意

出願がめでたく権利となった後、出願から一定期間が経過すると、特許庁が発行する『特許公報』に出願の内容が掲載され、公表されます。

今の時代は、この特許公報を特許情報プラットフォームで閲覧できる、誠に便利な時代になりました。以前なら他の政府刊行物である官報や自治体が発行する公報などと同じようにこれを扱っている書店や販売所でなければ入手出来ませんでした。

この特許公報には発明人や考案者の住所氏名が掲載されています。誰でも閲覧できるためか、悪質業者がこのデータを悪用するケースが報告されています。

具体的には、例えばこんな文言の郵送物が到着します。

「貴方のNo.◯◯◯・・・・は、大変すぐれた発明であるため、これを製造するメーカーに取扱業務を仲介します。ついては手数料を下記口座にお振り込みください。手数料は3万円です・・・・」

差出人名はいかにも公的機関のような名称、もしくは商品化実施のお手伝いをしているような団体名が書かれています。私にも何通か到着しました。

結論から言うと、それらの多くは悪質なインチキ業者です。つまり、いかにも「製品化のプロセスを代行して製造・販売企業を見つけて儲かるようにお手伝いします」みたいな書き方をしていながら、手数料を払った途端に何の返答もない・・・、簡単に言えば、「やらずボッタクリ」の詐欺手口です。

発明人にとって夢である製品化、ロイヤリティ収入というニンジンをちらつかせて、発明の内容を褒めそやします。発明人は悪い気はしません。それどころか心中は「そうかそうか、わかる人にはわかるんだよね」なんて有頂天になりがちです。

私もそうでした。しかし、私たちが抱くこの感情こそが、インチキ業者にとって付け入る隙なのです。

はっきり言って詐欺です。騙された後では取り返しがつきません。個人では取られたお金を取り返すことはまず不可能でしょう。

対処策はあるのでしょうか？　まず、インターネットの検索ページで業者名を入力してみることです。最近ではいろんなページでこういったインチキ業者に引っかからないように警鐘を鳴らす目的で実名が取り上げてあります。いわゆる晒《さら》し者です。

発明協会や知的所有権センター、ここまでお世話になった弁理士の先生に尋ねてみるのもいい方法です。無料相談でしかお付き合いがなくても構いません。これくらいの情報は気軽に教えてくれます。発明人が被害にあわないように協力するのは、彼らの業務の一環であると思います。

全国に網羅されている消費生活センターに尋ねるのも得策でしょう。この機関には、全国の詐欺情報が集められています。

もうひとつの方法として、出願した日付と郵送物の到着時期の関係を考えてください。間違いなく特許公報によって公表された、公開時期のすぐ後に発送されていることがわかると思います。

信頼できる信用ある代理人ならともかく、見たことも聞いたこともないような怪しい業者は無視するに限ります。

また類似するインチキ業者の類に『アイデア　買います』のケースがあります。アイデアを持って行かれたり、最悪のケースでは権利そのものを持って行かれることもあるでしょう。

実際に個人のアイデアや権利を買ってくれる善良な業者もいるとは思いますが、残念ながらなかなかそのような業者にはめぐり会えません。

裏を返せば、特許や実用新案といった権利は、インチキ業者が自分が捕まるリスクを負ってでも使いたい、自分の物にしたいと考える強力な権利であると言えます。

3

権利化の3倍のエネルギーがかかる!?

魅力ある特殊商品なのです

一般に、権利化した特許や実用新案の案件を商品化するには、権利化の3倍のエネルギーがかかる……と言われます。簡単ではないのです。権利化するだけでもあんなに大変だったのに、その何倍も大変なのか？　そう考えると気持ちが萎えますか？

知的所有権の中でも、特許という概念が技術思想の具体化であるということは既に述べました。また特許は、それまでに世の中に存在していなかった、従来技術から一足飛びに進歩した技術であることも繰り返し述べてきました。

仮にあなたが創りだした新しい物が店頭に並んだとしましょう。買い手は便利なものを欲しがっているのは間違いないのですが、とは言え、今までに見たことも聞いたこともない新しい技術を、先を争って買おうとするか…。

多くの場合答えは「ノー」です。人間は変化を怖がります。買い物の失敗を嫌がります。何割かの新し物好きの人たちは確かに存在しますが、実際には特許となった商品は見た目が従来技術と違えば違うほど、即座には買いにくい商品であると言えるでしょう。

人間は疑り深い動物です。また買い物の失敗は、人に知られたくないことのひとつです。このことは、私が作ったギターの道具、特許を取得したピックを演奏者に見せた時の様子からも明らかです。

幾人にも試してもらいましたが、彼らの最初の行動は、恐る恐る手に取ることでした。疑心暗鬼であるのがはっきり感じられました。私の説明通りの使い方をして初めて「オォ！　これは凄い!!」となるのです。その意味で、特許を持つ商品というのは、特殊なものと言えるかもしれません。

つまりこういうことです。特許を取得した新商品は、「オォ！　これは凄い!!」を体験させなければ、その素晴らしさが伝わらないのです。しかし、いったん伝われば、途端に強力な魅力ある商品に変身します。

そんな特殊な商品なら、前述の通りデザインや商品パッケージも重要であることがわかります。思わず手に取りたくなる「見た目」が必要なのです。

ここで大切なことは、どこかのメーカーや企業に実施契約をして進めてもらうには、消費者のこの購買プロセスをよく理解している企業でなければ、うまく売ることが出来ない、ということです。

一般的に語られることはありませんが、私は「特許商品のマーケティング方法」という特殊な分野が存在すると考えます。餅は餅屋というところでしょうか。

この餅屋、つまりこの分野に長けている企業が多く集まっているところが一般社団法人　発明学会です。民間団体なので、入会金と年会費がかかります。私も会員の一人です。ＨＰのＵＲＬを掲載しておきますので是非参照してください。

http://www.hatsumei.or.jp/

ホームページを開くと、アイデアを求めるたくさんの企業が集まっていることがわかります。協賛企業が賞金を出して行うアイデアコンクールも、随時行われています。

出来上がったサンプル品をどこに持って行こうか…と途方にくれているのなら、

一度相談されるといいと思います。企業に送る企画提案書の書き方や実施契約書の作り方まで教えてくれます。

これも私の体験からのことですが、私は出来上がったサンプル品を、最初は公的な支援機関に持ち込みました。特許コーディネーターの方々はこういったサンプル品を元に企業との橋渡しを行う、「マッチング」をやってくれるからです。

しかし、私の場合はうまく行きませんでした。理由はいくつかありますが、最大の原因は、先にも触れたアイデアを求めている企業に行き着かない、からです。

発明品の内容によるでしょうが、受け手側、つまり話を持ち込まれる企業は、多くは地場の企業です。会社規模に関係なく、私の発明品に対する疑心暗鬼の壁をなかなか超えられない。

また、コーディネーターに集まる企業の情報の数も限られており、全国規模とは行きません。

公的な助成金などを使い、サンプル品にした場合も同じことが起きると思います。つまり、国、地方自治体から受け取る資金を、出来ることなら地場の企業を使って、地元にお金が落ちるようにしてもらいたい。これが公的機関の本音です。

こういった状況を考えると、発明学会のように、アイデアを求めている企業が集まるところに持ち込んでいくことは、理にかなった方法と言えます。

埋もれている知財を掘り起こせ

ここでは特許にならなかったものを考えてみたいと思います。特許情報プラットフォームで検索をすると、「拒絶査定」「取り下げ」「みなし取り下げ」、あるいは特許査定が行われた後に「権利消滅」したものなど、様々な特許ではない内容を見いだすことができます。

これらは全て先行文献ですから、同じ内容を出願しても特許にはなりません。しかし、眺めていると頭の中にピカッ！っと来ることがあります。

実際私の4つ目の出願は、2つの上記のような文献からヒントを得たものです。ある試作品が、実用上難があることがわかり、何か良い策はないかと漫然と検索を繰り返していた時のことでした。

ここまでのプロセスであなたは試作品を作り、出願し、拒絶理由通知書というハードルを突破して、十分に発明脳になっています。これらの文献、特に図を眺めているうちに「ふーん、なるほどね。でも私だったらこうするな・・・」という考えが浮かぶかもしれません。そんな時はすぐに「不平不満ノート」にその内容を書き込んでください。

図と請求項、明細書、拒絶理由として引用された先行技術文献のナンバーもプリントアウトしてノートに貼り付けましょう。あなたの「自分ならこうするな・・・」

の図も忘れずに。

可能なら試作品を作ってみましょう。なんだか『他人の褌《ふんどし》で相撲をとる』ような気がするかもしれません。しかし、せっかくの発明脳です。あなたの発明脳は社会に貢献できる類稀な存在なのです。出願するか否かはさておいて、最初から先行技術文献を見据えながら請求項と明細書を組み立てることができるはずです。

発明は、無から有を生み出すことだけを指すものではないと思います。先人の想いを引き継いで、その技術思想をあなたが形にしていくことも立派な発明だと考えます。

特許になることだけが目的の発明も存在するでしょう。しかし、特許法が定義する発明は産業上の利用価値があるもの、です。先人の技術思想を特許という価値あるものにしていくことは、横取りでもなんでもない、立派な社会貢献ではないでしょうか。

≪終わりに≫　私の出願奮戦記

私事で恐縮ですが、私が特許の世界に足を踏み入れるきっかけとなったのは、私が行っているギターデュオでの演奏がきっかけでした。デュオなので私と相方の二人で2台のギターを演奏します。

結構難しい内容で、曲の途中で交互にソロを取ったりして、ある曲では曲中の特定の箇所で、自分の音を大きく響かせなければならないという課題に直面していました。

その曲は大部分を指による奏法（フィンガー・ピッキングと言います）で弾くのですが、件《くだん》の特定箇所では指による弾き方では原曲のように大きく響かせることができないのです。

演奏家は概して目立ちたがりです。自分の音が大きければそれでいい……くらいの目立ちたがりなのです。もちろん相方とのバランスは考えますが、自分のソロは大きく響かせたいものです。

「何とかならないか……」と試行錯誤した結果出来あがったものが試作品となり、相方の勧めもあって出願に至ったのでした。

が、しかし、よくよく考えてみると、原曲はプロの演奏CDです。スタジオで録音され、高価な楽器と立派な機材、凄腕のエンジニアが揃っている中で、これも凄腕のギタリストが演奏し、録音されているのです。

今では常識ですが、特定箇所の修正や差し替え、音量の加減など難なく出来るでしょう。ライブにおいても、彼らはお金を貰って聴かせて魅せるプロなのですから、ちゃんとした機材とエンジニアという強力な助っ人が裏方にいます。こんなことは朝飯前というわけです。

この考えに思い至ったとき、アマチュアの悲哀というか、あれこれ試行錯誤していたのに何だか力が抜けるような気がしたものです。

しかし私は、気付くのが遅かったことが幸いしました。試作品を作る前に気が付いて、「俺らのようなアマチュアにはできるわけがない」と諦めていたなら、今の私の特許は存在しなかったことでしょう。

振り返ってみると、最初に試作品を作ってから出願まで5年、出願してから特許に至るまで2年の歳月がかかりました。つまり、私は自分のアイデアを特許にする方法を何ひとつ知らなかったのです。

この間、試作品はできているのに、そしてそれが十分実用に耐えるのに、実際の演奏に使うことはありませんでした。理由は出願前に人前に晒してしまうと、それだけで公知の技術になってしまい、特許を取得できないと思っていたからです。

相方には酷いことをしてしまいました。演奏に使わなかっただけではありません。

私は試作品の出来具合に関して、相方の感想を求めたのですが、それを得た後に、何と発明証明書なる書類にサインをさせ、相方にアイデアを盗まれないように釘を刺したのです。

あー、何と心の狭い。知らないというのは実に罪なことです。この本で書いた様々なことをあの当時に知っていれば、そしてさっさと出願して特許にしていれば、相方にそんな失礼なことをせずとも済んだのです。

そして、演奏にも使えたことでしょうし、今日製品を購入して使っていただいている方々にも、もっと早くに提供できていたはずなのです。

今の時代は、素人でも勉強すれば、アイデアを自分で特許に出来る時代です。インターネットは、これまで敷居の高かった特許取得を身近なものにしてくれました。先行技術調査ひとつにしても、かつては専門業者に依頼するか、自分でやるなら特許庁に出かけて行うしかなかったのです。

今では自宅のパソコンから特許情報プラットフォームを検索することが出来るだけでなく、出願、さらには中間手続まで、日曜日であろうと深夜であろうと行うことが出来ます。

この本に書いた様々な支援制度は、日本の国策によって、たくさんの行政機関や団体が、有難いサービスを個人である私たちに提供してくれます。その多くは費用がかかりません。出願から半年で特許取得に至ることも珍しくありません。

時代は変わりました。家庭の主婦が、普通のＯＬが、大学生の男子が、そして小学生の女の子の親御さんが特許を取得し、これを基にビジネスに結び付けることが可能なのです。

私の相方は実に寛大な、いい男です。こんな私ともいまだに相方でいてくれます。この場をお借りして感謝を捧げたいと思います。

貴君がいてくれたから、特許にして世に出すことが出来ました。ありがとう。でも発明人は私ですからね。

最後までお読みいただいたあなたに感謝いたします。私のようなまわり道と試行錯誤、無為な時間を過ごすことなく、あなたの素晴らしいアイデアが特許となって世に出ることを願っています。この本がその一助となれば幸甚です。

巻末資料

（平成30年4月現在）

弁理士による無料相談窓口

※各都市の、弁理士による無料相談を行っている団体。必ず事前に電話等で予約をしてください。相談時間は30分～1時間です。◆印が実施機関・場所です。

北　海　道

◆日本弁理士会北海道支部

〒060-0807　北海道札幌市北区北七条西4-1-2　KDX札幌ビル3階
☎011-736-9331

◆一般社団法人　北海道発明協会

〒060-0807　北海道札幌市北区北七条西4-1-2　KDX札幌ビル5階
☎011-747-7481

上記の他以下のサテライトは、テレビ会議システムで札幌と相談可能

◇大通サテライト

〒060-0042　札幌市中央区大通西5丁目8番地
昭和ビル1階（地下鉄大通駅1番出口直結）
R&Bパーク札幌大通サテライト
☎011-219-3359

◇函館サテライト

〒041-0801　北海道函館市桔梗町379番地
北海道立工業技術センター内公益財団法人函館地域産業振興団
☎0138-34-2600

◇旭川サテライト（1）

〒078-8801　北海道旭川市緑が丘東1条3丁目1番6号
旭川リサーチセンター内一般財団法人旭川産業創造プラザ
☎0166-68-2820

◇旭川サテライト（2）

〒070-8540　北海道旭川市常盤通1丁目道北経済センター3階
旭川商工会議所
☎0166-22-8411

◇室蘭サテライト

〒050-0083　北海道室蘭市東町4丁目28番1号
公益財団法人室蘭テクノセンター
☎0143-45-1188

◇釧路サテライト
〒 084-0905　北海道釧路市鳥取南 7 丁目 2 番 23 号　釧路工業技術センター内公益財団法人釧路根室圏産業技術振興センター
☎ 0154-55-5121

◇帯広サテライト
〒 080-2462　北海道帯広市西 22 条北 2 丁目 23 番地 9
公益財団法人とかち財団十勝産業技術センター
☎ 0155-38-8850

◇北見サテライト (1)
〒 090-0013　北海道北見市柏陽町 603-2　北見工業大学社会連携推進センター内オホーツク産学官融合センター
☎ 0157-57-5677

◇北見サテライト (2)
〒 090-0023　北海道北見市北 3 条東 1 丁目　北見商工会議所
☎ 0157-57-5677

◇苫小牧サテライト
〒 059-1362　北海道苫小牧市柏原 32 番地 27　苫小牧市テクノセンター
☎ 0144-57-0210

青　森　県

◆一般社団法人 青森県発明協会
〒 030-0801　青森市新町二丁目 4 番 1 号青森県共同ビル 8 階
青森県知的財産支援センター内
☎ 017-762-7351

上記の他、県内 6 会場で開催。
◇青森市、◇弘前市、◇八戸市、◇五所川原市、◇十和田市、◇むつ市

◆青森県庁
〒 030-8570　青森県青森市長島 1 丁目 1 番 1 号　青森県知的財産支援センター
☎ 017-734-9417（直通）

岩 手 県

◆一般社団法人 岩手県発明協会

〒020-0857 岩手県盛岡市北飯岡２丁目４番25号
岩手県工業技術センター２階
☎ 019-634-0684

上記の他、県内５会場で開催。
◇北上市産業支援センター、◇岩手県南技術研究センター
◇釜石・大槌地域産業育成センター、◇宮古市役所分庁舎、◇久慈地区合同庁舎

宮 城 県

◆日本弁理士会　東北支部

〒980-0014 宮城県仙台市青葉区本町3-4-18 太陽生命仙台本町ビル５階
☎ 022-215-5477

◆一般社団法人 宮城県発明協会

〒981-3206 宮城県仙台市泉区明通２丁目２番地
宮城県産業技術総合センター内知財総合支援窓口
☎ 022-779-6990

◆一般社団法人 宮城県発明協会

〒980-0011 宮城県仙台市青葉区上杉1-14-2
宮城県商工振興センター３階　みやぎ産業振興機構
☎ 0570-08-2100

その他会場　仙台市青葉区中央1-3-1　◇アエル6F

秋 田 県

◆一般社団法人 秋田県発明協会

〒010-8572 秋田市山王三丁目１番１号　秋田県庁第二庁舎３階
☎ 018-860-2246

◆大館商工会議所

〒017-0044 秋田県大館市御成町２丁目8-14
☎ 0186-43-3111

◆公益財団法人　あきた企業活性化センター

〒010-8572 秋田県秋田市山王3-1-1　秋田県庁第二庁舎２階
☎ 018-860-5614

山　形　県

◆一般社団法人　山形県発明協会

〒990-2473　山形県山形市松栄 2-2-1　山形県高度技術研究開発センター内
☎ 023-647-8130

その他会場　◇鶴岡市鶴岡商工会議所、◇酒田市酒田産業会館
◇新庄市ゆめりあ、◇長井市長井商工会議所、◇米沢市アクティー米沢

福　島　県

◆一般社団法人　福島県発明協会

〒963-0215　福島県郡山市待池台 1-12　福島県ハイテクプラザ 2 階
☎ 024-963-0242

◆福島県商工会連合会　中通り指導センター

☎ 0248-94-2680

◆いわき産学官ネットワーク協会

☎ 0246-21-7570

東　京　都

◆日本弁理士会関東支部

〒100-0013　東京都千代田区霞が関 3-4-2　弁理士会館 1 階
☎ 03-3519-2707

◆一般社団法人　発明推進協会

〒105-0001　東京都港区虎ノ門二丁目 9 番 14 号　発明会館ビル 1 階
☎ 03-6424-5081　03-6273-3332

◆一般社団法人　発明推進協会（八王子先端技術センター開発・交流プラザ）

〒192-0083　東京都八王子市旭町 10—2TC ビル 5 階
☎ 03-3579-2172

◆一般社団法人　発明推進協会

〒173-0004　東京都板橋区板橋二丁目 66 番 1 号
板橋区情報処理センター5 階
☎ 03-3579-2172

◆一般社団法人 発明推進協会

〒 120-0034　東京都足立区千住一丁目 5 番 7 号　あだち産業センター1 階
☎ 03-3882-0886

◆ BusiNest 内会議室

〒 207-0022　東京都東大和市桜が丘 2-137-5
中小企業大学校東京校東大和寮 3 階
☎ 042-565-1195

◆公益財団法人 東京都中小企業振興公社

〒 101-0025　東京都千代田区神田佐久間町 1-9
☎ 03-3251-7886

◆医工連携イノベーションセンター

〒 103-0023　東京都中央区日本橋本町二丁目 3 番 11 号
日本橋ライフサイエンスビルディング 603 号室
☎ 03-5201-7323

◆東京創業ステーション

〒 100-0005　東京都千代田区丸の内 2-1-1　明治安田生命ビル低層棟 2 階
公益財団法人　東京都中小企業振興公社　事業戦略部創業支援課
☎ 03-5220-1141

◆東京都知的財産総合センター

〒 110-0016　東京都台東区台東 1-3-5　反町商事ビル 1F
☎ 03-3832-3656

◆城東支援室

〒 125-0062　東京都葛飾区青戸 7-2-5　城東地域中小企業振興センター内
☎ 03-5680-4741

◆城南支援室

〒 144-0035　東京都大田区南蒲田 1-20-20　城南地域中小企業振興センター内
☎ 03-3737-1435

◆多摩支援室

〒 196-0033　東京都昭島市東町 3-6-1　産業サポートスクエア・TAMA 内
☎ 042-500-1322

茨城県

◆公益財団法人　茨城県中小企業振興公社

〒310-0801　茨城県水戸市桜川 2-2-35　茨城県産業会館ビル 9F
☎ 029-224-5317

◇つくば会場　(株) つくば研究支援センター内

〒305-0000　茨城県つくば市千現 2-1-6

栃木県

◆ (公財) 栃木県産業振興センター

〒321-3226　栃木県宇都宮市ゆいの杜 1 丁目 5-40　とちぎ産業創造プラザ内
☎ 028-670-2617

その他会場
◇宇都宮商工会議所、◇足利商工会議所、◇鹿沼商工会議所
◇真岡商工会議所、◇大田原商工会議所

群馬県

◆一般社団法人 群馬県発明協会

〒379-2147　群馬県前橋市亀里町 884 番地 1　群馬県産業技術センター1 階
☎ 027-290-3070

◇太田出張所

〒373-0019　群馬県太田市吉沢町 1058 番地 5　東毛産業技術センター内
☎ 0276-55-1286

埼玉県

◆ (公財) 埼玉県産業振興公社

〒330-8669　埼玉県さいたま市大宮区桜木町 1-7-5　ソニックシティビル 10F
☎ 048-647-4101

その他の会場
◇埼玉県産業技術総合センター北部研究所、◇朝霞市商工会、◇ウェスタ川越
◇春日部商工会議所、◇東松山市役所、◇川口市役所、◇越谷商工会議所
◇所沢市役所、◇本庄商工会議所

千　葉　県

◆一般社団法人　千葉県発明協会

〒263-0016　千葉県千葉市稲毛区天台 6-13-1
千葉県産業支援技術研究所天台庁舎内
☎ 043-255-7987

◆公益財団法人　千葉県産業振興センター

〒261-7123　千葉県千葉市美浜区中瀬 2-6-1　WBG マリブイースト 23F
新事業支援部産学連携推進室
☎ 047-426-9200

◆船橋商工会議所

〒273-0005　千葉県船橋市本町 1 丁目 10-10
☎ 047-435-8211

◆木更津商工会議所

〒292-0838　千葉県木更津市潮浜 1 丁目 17-59
☎ 0438-53-7100

◆市川商工会議所

〒272-8522　千葉県市川市南八幡 2-21-1
☎ 047-377-1011

神奈川県

◆一般社団法人　神奈川県発明協会

〒231-0015　神奈川県横浜市中区尾上町 5-80　神奈川中小企業センタービル 4 階
☎ 045-633-5011（予約制）

◆神奈川中小企業センタービル 4 階（予約なし、先着順）

◇（地独）神奈川県立産業技術総合研究所海老名本部

〒243-0435　神奈川県海老名市下今泉 705-1
☎ 046-236-1500　予約先 : 知財相談担当

◇神奈川県立川崎図書館

〒213-0012　川崎市高津区坂戸 3-2-1　KSP 西棟 2F
☎ 044-299-7825　予約先 : 企画情報課

◇相模原商工会議所

〒252-0039　神奈川県相模原市中央区中央 3-12-3
☎ 042-753-8135　予約先 : 経営支援課

◆**平塚市役所**

〒254-0041　神奈川県平塚市浅間町 9-1
☎ 0463-21-9758　予約先：産業振興課

◆**茅ヶ崎市役所**

〒253-0041　神奈川県茅ヶ崎市茅ケ崎 1-1-1
☎ 0467-82-1111　予約先：産業振興課

◆**厚木商工会議所**

〒243-0017　神奈川県厚木市栄町 1-16-15
☎ 046-221-2153　予約先：経営支援課

◆**秦野商工会議所**

〒257-0015　神奈川県秦野市平沢 2550-1
☎ 0463-81-1355　予約先：業務課

◆**大和市勤労福祉会館**

〒242-0004　神奈川県大和市鶴間 1-32-12
☎ 046-260-5135　予約先：大和市産業活性課

◆**（公財）横須賀市産業振興財団**

〒238-0041　神奈川県横須賀市本町 3 丁目 27
☎ 046-828-1631　予約先：知財相談担当

長　野　県

◆**一般社団法人　長野県発明協会**

〒380-0928　長野県長野市若里 1 丁目 18-1
長野県工業技術総合センター3 階
☎ 026-228-5559

◇**サテライト岡谷窓口：**

〒394-0084　長野県岡谷市長地片間町 1-3-1
長野県工業技術総合センター精密・電子技術部門内 1F
☎ 0266-23-4170

上記他の会場
◇上田商工会議所、◇佐久商工会議所、◇松本市役所、◇飯田商工会議所

山　梨　県

◆公益財団法人　やまなし産業支援機構

〒400-0055　山梨県甲府市大津町 2192-8　アイメッセ山梨 3 階
☎ 055-243-1811

静　岡　県

◆一般社団法人　静岡県発明協会

〒420-0853　静岡県静岡市葵区追手町 44-1　静岡県産業経済会館 1 階
☎ 054-251-6000 静岡県知財総合支援窓口

◆浜松地域イノベーション推進機構

〒432-8036　静岡県浜松市中区東伊場 2-7-1　浜松商工会議所会館 8 階
☎ 053-489-8111

新　潟　県

◆一般社団法人　新潟県発明協会

〒950-0915　新潟県新潟市中央区鐙西 1-11-1
新潟県工業技術総合研究所 2 階
☎ 025-242-1175

◆燕商工会議所

〒959-1289　新潟県燕市東太田 6856
☎ 025-242-1175

愛　知　県

◆日本弁理士会（東海支部）

〒460-0008　愛知県名古屋市中区栄 2-10-19　名古屋商工会議所ビル 8F
☎ 052-211-3110　※電話相談も可

◆一般社団法人　愛知県発明協会

〒460-8422　愛知県名古屋市中区栄 2-10-19　名古屋商工会議所ビル地下 2 階
☎ 052-223-6765

◆公益財団法人　あいち産業振興機構

〒450-0002　愛知県名古屋市中村区名駅四丁目 4 番 38 号
愛知県産業労働センター（ウインクあいち）14 階
◇名駅窓口　☎ 052-462-1134
◇栄・伏見窓口　☎ 052-223-6465

岐　阜　県

◆一般社団法人 岐阜県発明協会

(各務原窓口　テクノプラザ：岐阜県発明協会内)

〒509-0109　岐阜県各務原市テクノプラザ 1-1

☎ 058-370-3550

◇岐阜窓口　ふれあい福寿会館：岐阜県産業経済振興センター内

〒500-8384　岐阜県岐阜市藪田南 5-14-53

☎ 058-278-0613

三　重　県

◆三重県産業支援センター

〒514-0004　三重県津市栄町 1 丁目 891　(三重県合同ビル 5F)

(公財) 三重県産業支援センター内

☎ 059-271-5780

◇北勢窓口

〒510-0851　三重県四日市市塩浜町 1-30　(公財) 三重県産業支援センター

高度部材イノベーションセンター内

☎ 059-349-5151

富　山　県

◆一般社団法人 富山県発明協会

高岡会場　(一般社団法人富山県発明協会 1F 事務所内)

〒933-0981　富山県高岡市二上町 150

富山県工業技術センター技術開発館 1 階

☎ 0766-25-7259

◇富山会場

〒930-0866　富山県富山市高田 527 番地 富山県総合情報センタービル 2 階

☎ 076-432-1119

石　川　県

◆日本弁理士会 (北陸支部)

〒920-8203　石川県金沢市鞍月 2-2　石川県繊維会館 2 階

☎ 076-266-0617

◆一般社団法人 石川県発明協会（知財総合支援窓口）

〒920-8203 石川県金沢市鞍月2丁目20番地
石川県地場産業振興センター新館1階
☎076-267-5996

福 井 県

◆一般社団法人 福井県発明協会

〒910-0102 福島県福井市川合鷲塚町61字北稲田10
福井県工業技術センター1階
☎0776-55-2100

その他の会場
◇福井商工会議所、◇勝山商工会館、◇小浜商工会議所、◇鯖江商工会館

滋 賀 県

◆一般社団法人 滋賀県発明協会

〒520-3004 滋賀県栗東市上砥山232
滋賀県工業技術総合センター別館1階

栗東会場	☎077-558-3443
◇高島市商工会	☎0740-32-1580
◇長浜商工会議所	☎0749-62-2500
◇彦根商工会議所	☎0749-22-4551
◇八日市商工会議所	☎0748-22-0186
◇東近江市商工会	☎0749-45-5077
◇近江八幡商工会議所	☎0748-33-4141
◇森山商工会議所	☎077-582-2425
◇甲賀市商工会	☎0748-62-1676
◇瀬田商工会	☎077-545-2137
◇滋賀県産業支援プラザ	☎077-511-1413

京 都 府

◆一般社団法人京都府発明協会（知財総合支援窓口）

〒600-8813 京都府京都市下京区中堂寺南町134 京都リサーチパーク内
京都府産業支援センター2階
☎075-315-8686

◆**日本弁理士会（近畿支部）京都会場**

以下の３会場は http://www.kjpaa.jp/wp/pdf/district/kyoto_soudan2016.pdf のWebフォームからの申し込み、またはプリントアウトして
FAX番号：☎ 075-353-6627
で申し込んでください。

◇京都府北部、舞鶴商工会議所
◇京都府中部、担当弁理士事務所またはオフィス - ワン四条烏丸
◇京都市南部、京田辺市商工会館

大　阪　府

◆**日本弁理士会（近畿支部）**

〒530-0001　大阪府大阪市北区梅田 3-3-20　明治安田生命大阪梅田ビル 25 階
☎ 06-6453-8200

◆**一般社団法人 大阪府発明協会**

〒530-0005　大阪府大阪市北区中之島 4-3-53
国立大学法人大阪大学中之島センター7 階
☎ 06-6479-3901

◆**ものづくりビジネスセンター大阪**

〒577-0011　大阪府東大阪市荒本北 1-4-1
クリエイション・コア東大阪南館 1 階
☎ 06-6479-3901

兵　庫　県

◆**公益財団法人　新産業創造研究機構**

〒650-0046　兵庫県神戸市中央区港島中町 6-1　神戸商工会議所会館 4 階
☎ 078-306-6800

◆**一般社団法人 兵庫県発明協会**

〒654-0037　兵庫県神戸市須磨区行平町 3-1-12
兵庫県立工業技術センター技術交流館 1 階
☎ 078-731-5847

その他会場

◇**加古川商工会議所**

〒675-0064　兵庫県加古川市加古川町溝之口 800
☎ 079-424-3355　中小企業相談室

◆**高砂商工会議所**
〒676-0064　兵庫県高砂市高砂町北本町 1104
☎ 079-443-0500　中小企業振興部

◆**三木商工会議所**
〒673-0431　兵庫県三木市本町 2-1-18
☎ 0794-82-3190 中小企業相談所

◆**小野商工会議所**
〒675-1378　兵庫県小野市王子町 800-1
☎ 0794-63-1161　中小企業相談所

◆**姫路商工会議所**
〒670-0932　兵庫県姫路市下寺町 43 番地
☎ 079-221-8989　姫路ものづくり支援センター

◆**赤穂商工会議所**
〒678-0239　兵庫県赤穂市加里屋 68-9
☎ 0791-43-2727

◆**豊岡商工会議所**
〒668-0041　兵庫県豊岡市大磯町 1-79
☎ 0796-22-4456　中小企業相談室

奈　良　県

◆**一般社団法人　奈良県発明協会**
〒630-8031　奈良県奈良市柏木町 129-1
奈良県産業振興総合センター内
☎ 0742-35-6020

◇**大和高田商工会議所**
☎ 0742-35-6020

和 歌 山 県

◆**一般社団法人　和歌山県発明協会**
〒640-8033　和歌山県和歌山市本町 2-1 フォルテワジマ 6 階
☎ 073-432-0087

以下の 16 会場は☎ 073-499-4105 で予約してください。
◇橋本商工会議所、◇かつらぎ町商工会、◇紀の川市商工会、◇海南商工会議所
◇紀州有田商工会議所、◇有田川町商工会、◇湯浅町商工会、◇御坊商工会議所
◇印南町商工会、◇みなべ町商工会、◇田辺商工会議所、◇上富田町商工会
◇白浜町商工会、◇串本町商工会、南紀くろしお商工会、新宮商工会議所

鳥　取　県

◆公益財団法人　鳥取県産業振興機構（東部会場）

〒 689-1112　鳥取県鳥取市若葉台南 7-5-1
☎ 0857-52-5894

◇西部センター（西部会場）

〒 689-3522　鳥取県米子市日下 1247
☎ 0859-36-8300

島　根　県

◆一般社団法人　島根県発明協会

〒 690-0816　島根県松江市北陵町 1 番地　テクノアークしまね 1 階
しまね知的財産総合支援センター
☎ 0852-60-5145

その他の実施会場
◇大田商工会議所、◇益田商工会議所、◇石見事務所、◇江津商工会議所
◇浜田商工会議所

岡　山　県

◆公益財団法人　岡山県産業振興財団

〒 701-1221　岡山県岡山市北区芳賀 5301 テクノサポート岡山（3 階）
☎ 086-286-9711

広　島　県

◆日本弁理士会中国支部

〒 730-0013　広島県広島市中区八丁堀 15-6 広島ちゅうぎんビル 4 階
☎ 082-224-3944

◆一般社団法人 広島県発明協会
〒730-0052 広島県広島市中区千田町3-13-11 広島発明会館
☎082-241-3940

◆福山会場 福山商工会議所
〒720-0067 広島県福山市西町2丁目10-1

その他会場（各連絡先に電話して予約してください）

◇公益財団法人 くれ産業振興センター	☎0823-76-3766
◇三原商工会議所	☎0848-62-6155
◇東広島商工会議所	☎082-420-0304
◇福山商工会議所	☎084-921-2349
◇府中商工会議所	☎0847-45-8200
◇三次商工会議所	☎0824-62-3125
◇公益財団法人 広島市産業振興センター	☎082-278-8032

山口県

◆公益財団法人 やまぐち産業振興財団
〒753-0077 山口県山口市熊野町1-10 NPYビル10階
☎083-922-3700

その他会場（各連絡先に電話して予約してください）

◇岩国商工会議所	☎0827-21-4201
◇萩商工会議所	☎0838-25-3333
◇下関商工会議所	☎083-222-3333
◇柳井商工会議所	☎0820-22-3731
◇宇部商工会議所	☎0836-31-0251
◇徳山商工会議所	☎0834-31-3000

徳島県

◆日本弁理士会四国支部 徳島県会場
〒770-8021 徳島県徳島市雑賀町西開11-2 徳島県立工業技術センター
☎088-669-0158

◆一般社団法人 徳島県発明協会
〒770-8021 徳島県徳島市雑賀町西開11-2 徳島県立工業技術センター2F
☎088-669-0158

◆徳島県よろず支援拠点（公益財団法人とくしま産業振興機構内）
〒770-0865　徳島県徳島市南末広町5-8-8　徳島経済産業会館2F
☎088-669-0158

香　川　県

◆日本弁理士会四国支部　香川会場
〒760-0019　香川県高松市サンポート2-1
高松シンボルタワー・サンポートビジネススクエア2階
☎087-822-9310

◆一般社団法人 香川県発明協会
〒761-0301　香川県高松市林町2217-15 香川産業頭脳化センタービル2階
☎087-867-9577

愛　媛　県

◆日本弁理士会四国支部　松山会場
〒790-0065　愛媛県松山市宮西1丁目5番19号　愛媛県商工会連合会
☎089-924-1103

◆日本弁理士会四国支部　宇和島会場
〒796-0048　愛媛県宇和島市丸之内1丁目3-24　宇和島商工会議所
☎0895-22-5555

◆日本弁理士会四国支部　四国中央会場
〒799-0111　愛媛県四国中央市金生町下分865号
四国中央市川之江庁舎3階　四国中央商工会議所
☎0896-58-3530

◆一般社団法人 愛媛県発明協会
〒791-1101　愛媛県松山市久米窪田町337-1　テクノプラザ愛媛内
☎089-960-1118

高　知　県

◆日本弁理士会四国支部　高知県発明協会　高知県会場
〒781-5101　高知県高知市布師田3992-3
☎088-854-8876

◆一般社団法人 高知県発明協会
〒781-5101 高知県高知市布師田3992-3 高知県工業技術センター4階
☎ 088-845-7664

福 岡 県

◆日本弁理士会九州支部
〒812-0011 福岡県福岡市博多区博多駅前2丁目1番1号 福岡朝日ビル8階
☎ 092-415-1139

◆一般社団法人 福岡県発明協会
〒812-0046 福岡県福岡市博多区吉塚本町9-15
福岡県中小企業振興センタービル
☎ 092-622-0035

◆福岡サイト ☎ 092-409-5480

◆北九州サイト 公益財団法人北九州産業学術推進機構 知的所有権センター
〒804-0003 福岡県北九州市戸畑区中原新町2-1 北九州テクノセンター1階
☎ 093-873-1432

◆久留米サイト 株式会社久留米ビジネスプラザ 知的所有権センター
〒839-0801 福岡県久留米市宮ノ陣4-29-11 久留米ビジネスプラザ内
☎ 0942-31-3104

佐 賀 県

◆公益財団法人 佐賀県地域産業支援センター
〒849-0932 佐賀県佐賀市鍋島町八戸溝114 佐賀県地域産業支援センター内
☎ 0952-30-8191

長 崎 県

◆一般社団法人 長崎県発明協会
〒856-0026 長崎県大村市池田2-1303-8 工業技術センター内
☎ 0957-46-6230

◇長崎窓口1
〒850-0031 長崎県長崎市桜町9-6 長崎県勤労福祉会館

◇長崎窓口2（よろず支援拠点）
〒850-0031 長崎県長崎市桜町4-1 長崎商工会館9F

◇佐世保窓口
〒 857-0052　長崎県佐世保市松浦町 5-1

熊　本　県

◆熊本県知財総合支援窓口
〒 862-0901　熊本市東区東町 3 丁目 11-38
熊本県産業技術センター　電子機械分館 3F
☎ 096-285-8840

大　分　県

◆一般社団法人 大分県発明協会
〒 870-1117　大分県大分市高江西 1-4361-10　大分県産業科学技術センター内
☎ 097-596-6171

◆大分商工会議所
〒 870-0023　大分県大分市長浜町 3-15-19

◆中津商工会議所
〒 871-0055　大分県中津市殿町 1383-1

◆大分市産業活性化プラザ
〒 870-0839　大分県大分市金池南 1-5-1　ホルトホール大分

◆大分県産業創造機構
〒 870-0037　大分県大分市東春日町 17-20　ソフトパークセンタービル

◆あす・べっぷ (旧ニューライフプラザ)
〒 874-0903　大分県別府市大字別府字野口原 3030-16

◆佐伯商工会議所
〒 876-0844　大分県佐伯市向島 1 丁目 10-1　佐伯商工会館 2F

◆日田商工会議所
〒 877-8686　大分県日田市三本松 2-2-16

宮　崎　県

◆一般社団法人 宮崎県発明協会
〒 880-0303　宮崎県宮崎市佐土原町東上那珂 16500-2
宮崎県工業技術センター2 階
☎ 0985-74-0900

他の会場　◇宮崎市、◇都城市、◇延岡市

鹿児島県

◆公益社団法人鹿児島県工業倶楽部

〒 892-0821　鹿児島県鹿児島市名山町 9-1 鹿児島県産業会館 中 2 階
☎ 099-225-8012

沖縄県

◆沖縄産業支援センター3 階

〒 901-0152　沖縄県那覇市小禄 1831 番地 1　沖縄産業支援センター4F
☎ 098-921-2666（沖縄県発明協会）

◆沖縄県男女共同参画センター「てぃるる」

〒 900-0036　沖縄県那覇市西 3-11-1

◆名護会場（名護市商工会）

〒 905-0017　沖縄県名護市大中 1 丁目 19-24
☎ 098-921-2666

◆八重山会場（沖縄県八重山事務所）

〒 907-0002　沖縄県石垣市真栄里 438-1　沖縄県八重山合同庁舎
☎ 098-921-2666

◆宮古会場（沖縄県宮古事務所）

〒 906-0012　沖縄県宮古島市平良西里 1125
☎ 098-921-2666

発明協会

電子出願の際に頼りになる助っ人です。

（一社）北海道発明協会

〒 060-0807　北海道札幌市北区北 7 条西 4 丁目 1 番地 2
ＫＤＸ札幌ビル 5 階　☎ 011-747-7481

（一社）青森県発明協会

〒 030-0801　青森市新町二丁目 4 番 1 号青森県共同ビル 8 階
青森県知的財産支援センター内　☎ 017-762-7351

（一社）岩手県発明協会

〒 020-0857　盛岡市北飯岡 2-4-25
（地独）岩手県工業技術センター2 階　☎ 019-634-0684

(一社) 宮城県発明協会
〒 981-3206　仙台市泉区明通 2-2
宮城県産業技術総合センター内　☎ 018-828-8728

秋田県発明協会
〒 010-1633　秋田市新屋鳥木町 1-47
㈱道光産業内　☎ 018-828-8728

(一社) 山形県発明協会
〒 990-2473　山形市松栄二丁目 2 番 1 号
山形県高度技術研究開発センター内　☎ 023-644-3316

(一社) 福島県発明協会
〒 963-0215　郡山市待池台 1-12
福島県ハイテクプラザ内　☎ 024-959-3351

茨城県発明協会
〒 310-0801　水戸市桜川 2-2-35　茨城県産業会館 9 階
(公財) 茨城県中小企業振興公社内　☎ 029-224-5339

(一社) 栃木県発明協会
〒 321-3226　宇都宮市ゆいの杜 1-5-40
とちぎ産業創造プラザ内　☎ 028-670-1820

(一社) 群馬県発明協会
〒 379-2147　前橋市亀里町 884-1
群馬産業技術センター内　☎ 027-287-4500

(一社) 埼玉県発明協会
〒 330-8669　さいたま市大宮区桜木町 1-7-5
ソニックシティビル 9 階　☎ 048-645-4412

(一社) 千葉県発明協会
〒 263-0016　千葉市稲毛区天台 6-13-1
千葉県産業支援技術研究所天台庁舎内　☎ 043-290-7071

(一社) 神奈川県発明協会
〒 231-0015　横浜市中区尾上町 5-80
神奈川中小企業センタービル 12 階　☎ 045-633-5055

(一社) 長野県発明協会
〒 380-0928　長野市若里 1-18-1
長野県工業技術総合センター内 3F　☎ 026-228-5559

(一社) 山梨県発明協会
〒 400-0055　甲府市大津町 2192-8
アイメッセ 3 階　☎ 055-243-6145

(一社) 静岡県発明協会
〒 420-0853　静岡市葵区追手町 44-1
静岡県産業経済会館 1 階　☎ 054-254-7575

(一社) 新潟県発明協会
〒 950-0915　新潟市中央区鐙西 1-11-1
新潟県工業技術総合研究所内　☎ 025-242-1175

(一社) 愛知県発明協会
〒 460-8422　名古屋市中区栄 2-10-19
名古屋商工会議所 B2　☎ 052-223-5641

(一社) 岐阜県発明協会
〒 509-0109　各務原市テクノプラザ 1 丁目 1 番
テクノプラザ内　☎ 058-370-8851

(一社) 三重県発明協会
〒 514-0004　津市栄町一丁目 891　三重県合同ビル 5 F
(公財) 三重県産業支援センター内　☎ 059-222-5505

(一社) 富山県発明協会
〒 933-0981　高岡市二上町 150　富山県産業技術研究開発センター
技術開発館内　☎ 0766-27-1150

(一社) 石川県発明協会
〒 920-8203　金沢市鞍月 2-20
石川県地場産業振興センター (新館 1 階)　☎ 076-267-5996

(一社) 福井県発明協会
〒 910-0102　福井市川合鷲塚町 61 字北稲田 10
福井県工業技術センター内　☎ 0776-55-1195

(一社) 滋賀県発明協会
〒 520-3004　栗東市上砥山 232
滋賀県工業技術総合センター別館内　☎ 077-558-4040

(一社) 京都発明協会
〒 600-8813　京都市下京区中堂寺南町 134　京都リサーチパーク内
京都府産業支援センター2 階　☎ 075-315-8686

(一社) 大阪発明協会
〒 530-0005　大阪市北区中之島 4 丁目 3 番 53 号
国立大学法人大阪大学中之島センター7 階　☎ 06-6479-1910

(一社) 兵庫県発明協会
〒 654-0037　神戸市須磨区行平町 3-1-12　兵庫県立工業技術センター内
技術交流館 1 階　☎ 078-731-5847

(一社) 奈良県発明協会
〒 630-8031　奈良市柏木町 129-1
奈良県産業振興総合センター内　☎ 0742-34-6115

(一社) 和歌山県発明協会
〒 640-8033　和歌山市本町 2 丁目 1 番地
フォルテワジマ 6 階　☎ 073-432-0087

(一社) 鳥取県発明協会
〒 689-1112　鳥取市若葉台南 7-5-1
鳥取県産業振興機構内　☎ 0857-52-6728

(一社) 島根県発明協会
〒 690-0816　松江市北陵町 1　テクノアークしまね 1F　☎ 0852-60-5146

(一社) 岡山県発明協会
〒 701-1221　岡山市北区芳賀 5301
テクノサポート岡山 3 階　☎ 086-286-9656

(一社) 広島県発明協会
〒 730-0052　広島市中区千田町 3-13-11
広島発明会館内　☎ 082-241-3940

(一社) 山口県発明協会
〒 753-0077　山口市熊野町 1-10　NPY ビル 10 階　☎ 083-922-9927

(一社) 徳島県発明協会
〒 770-8021　徳島市雑賀町西開 11-2
徳島県立工業技術センター内　☎ 088-669-4766

(一社) 香川県発明協会
〒 761-0301　高松市林町 2217-15 香川産業頭脳化センタービル 2 階
(公財) かがわ産業支援財団内　☎ 087-867-9332

(一社) 愛媛県発明協会
〒 791-1101　松山市久米窪田町 337-1
テクノプラザ愛媛内　☎ 089-960-1103

(一社) 高知県発明協会
〒 781-5101　高知市布師田 3992-3
高知県工業技術センター内　☎ 088-845-7664

(一社) 福岡県発明協会
〒 812-0046　福岡市博多区吉塚本町 9-15
福岡県中小企業振興センタービル 11 階　☎ 092-409-5480

佐賀県発明協会
〒 849-0932　佐賀市鍋島町大字八戸溝 114
佐賀県工業技術センター内　☎ 0952-30-8252

(一社) 長崎県発明協会
〒 856-0026　大村市池田 2-1303-8
長崎県工業技術センター内　☎ 0957-52-1144

熊本県発明協会
〒 862-0901　熊本市東区東町 3-11-38　熊本県産業技術センター
電子機械分館 3 階　☎ 096-360-3291

(一社) 大分県発明協会
〒 870-1117　大分市高江西 1-4361-10
大分県産業科学技術センター内　☎ 097-596-7121

(一社) 宮崎県発明協会
〒 880-0303　宮崎市佐土原町東上那珂 16500-2
宮崎県工業技術センター内　☎ 0985-74-0900

(一社) 鹿児島県発明協会
〒 892-0821　鹿児島市名山町 9-1
鹿児島県産業会館中 2 階　☎ 099-295-0171

(一社) 沖縄県発明協会
〒 901-0152　那覇市字小禄 1831 番地 1
沖縄産業支援センター5 階 504 号室　☎ 098-859-2810

都道府県等中小企業支援センター

（平成24年9月現在）

北　海　道

（公財）北海道中小企業総合支援センター　☎ 011-232-2001

青　森　県

（公財）21 あおもり産業総合支援センター　☎ 017-777-4066

岩　手　県

（財）いわて産業振興センター　☎ 019-631-3820

宮　城　県

（公財）みやぎ産業振興機構　☎ 022-225-6636

秋　田　県

（公財）あきた企業活性化センター　☎ 018-860-5610

山　形　県

（財）山形県企業振興公社　☎ 023-647-0664

福　島　県

（公財）福島県産業振興センター　☎ 024-525-4070

茨　城　県

（公財）茨城県中小企業振興公社　☎ 029-224-5317

栃　木　県

（公財）栃木県産業振興センター　☎ 028-670-2607

群　馬　県

（公財）群馬県産業支援機構　☎ 027-255-6500

千　葉　県

（公財）千葉県産業振興センター　☎ 043-299-2901

埼　玉　県

（財）埼玉県産業振興公社　☎ 048-647-4101

東　京　都

（公財）東京都中小企業振興公社　☎ 03-3251-7886

神奈川県

(公財) 神奈川産業振興センター ☎ 045-633-5000

新 潟 県

(財) にいがた産業創造機構 ☎ 025-246-0025

長 野 県

(公財) 長野県中小企業振興センター ☎ 026-227-5028

山 梨 県

(公財) やまなし産業支援機構 ☎ 055-243-1888

静 岡 県

(公財) 静岡県産業振興財団 ☎ 054-273-4434

愛 知 県

(公財) あいち産業振興機構 ☎ 052-715-3061

兵 庫 県

(公財) ひょうご産業活性化センター ☎ 078-230-8051

奈 良 県

(財) 奈良県中小企業支援センター ☎ 0742-36-8312

和歌山県

(公財) わかやま産業振興財団 ☎ 073-432-3412

鳥 取 県

(公財) 鳥取県産業振興機構 ☎ 0857-52-3011

福 井 県

(公財) ふくい産業支援センター ☎ 0776-67-7400

滋 賀 県

(公財) 滋賀県産業支援プラザ ☎ 077-511-1410

京 都 府

(公財) 京都産業 21 ☎ 075-315-9234

大　阪　府
(公財) 大阪産業振興機構　☎ 06-6947-4324

岐　阜　県
(公財) 岐阜県産業経済振興センター　☎ 058-277-1090

三　重　県
(公財) 三重県産業支援センター　☎ 059-228-3321

富　山　県
(財) 富山県新世紀産業機構　☎ 076-444-5605

石　川　県
(財) 石川県産業創出支援機構　☎ 076-267-1001

島　根　県
(公財) しまね産業振興財団　☎ 0852-60-5110

岡　山　県
(公財) 岡山県産業振興財団　☎ 086-286-9626

広　島　県
(公財) ひろしま産業振興機構　☎ 082-240-7700

山　口　県
(公財) やまぐち産業振興財団　☎ 083-922-3700

徳　島　県
(公財) とくしま産業振興機構　☎ 088-654-0101

香　川　県
(公財) かがわ産業支援財団　☎ 087-840-0348

愛　媛　県
(公財) えひめ産業振興財団　☎ 089-960-1100

高　知　県
(公財) 高知県産業振興センター　☎ 088-845-6600

福 岡 県

(財) 福岡県中小企業振興センター ☎ 092-622-6230

佐 賀 県

(公財) 佐賀県地域産業支援センター ☎ 0952-34-4422

長 崎 県

(財) 長崎県産業振興財団 ☎ 095-820-3838

熊 本 県

(財) くまもとテクノ産業財団 ☎ 096-286-3311

大 分 県

(公財) 大分県産業創造機構 ☎ 097-533-0220

宮 崎 県

(財) 宮崎県産業支援財団 ☎ 0985-74-3850

鹿 児 島 県

(公財) かごしま産業支援センター ☎ 099-219-1270

沖 縄 県

(公財) 沖縄県産業振興公社 ☎ 098-859-6255

政令指定都市

札 幌 市
(財) さっぽろ産業振興財団 ☎ 011-200-5511

仙 台 市
(公財) 仙台市産業振興事業団 ☎ 022-724-1212

千 葉 市
(財) 千葉市産業振興財団 ☎ 043-201-9501

さいたま市
(公財) さいたま市産業創造財団 ☎ 048-851-6652

横 浜 市
(公財) 横浜企業経営支援財団 ☎ 045-225-3700

川 崎 市
(公財) 川崎市産業振興財団 ☎ 044-548-4111

静 岡 市
(財) 静岡産業振興協会 (静岡市産学交流センター) ☎ 054-275-1655

名古屋市
(公財) 名古屋産業振興公社 (名古屋市新事業支援センター) ☎ 052-735-0808

京 都 市
(財) 京都高度技術研究所 ☎ 075-315-3625

大 阪 市
(公財) 大阪市都市型産業振興センター (大阪産業創造館) ☎ 06-6264-9800

神 戸 市
(公財) 神戸市産業振興財団 ☎ 078-360-3209

広 島 市
(公財) 広島市産業振興センター ☎ 082-278-8880

北九州市
(公財) 北九州産業学術推進機構 ☎ 093-873-1430

参考資料

1. 特許庁ホームページ
2. 経済産業省ホームページ
3. 中小企業庁ホームページ
4. 発明協会ホームページ
5. 論文：特許出願の中間手続の実務 堀 進（パテント 2009）
6. 論文：意見書について思うこと 平塚 政宏（パテント 2009）
7. 特許庁発行：『早期審査・早期審理ガイドライン』
8. 経済産業省近畿経済産業局
9. 特許庁 HP『IPDL J-Plat Pat 特許情報プラットフォーム』
10. 平成 26 年度特許出願技術動向調査報告書（概要）
11. 特許行政年次報告書 2012 年版
12. HPかたかべ事務所　意見書、補正書の作成方法
13. HP 弁理士 遠山 勉　意見書作成マニュアル

関連する法令

1. 特許法
2. 特許法施行法
3. 特許法等関係手数料令
4. 特許法施行令
5. 特許法施行規則
6. 実用新案法
7. 意匠法
8. 商標法
9. 旧特許法
10. 旧実用新案法
11. 工業所有権に関する手続等の特例に関する法律
12. 工業所有権に関する手続等の特例に関する法律施行令
13. 工業所有権に関する手続等の特例に関する法律施行規則
14. 租税特別措置法
15. 所得税法
16. 民法

著者紹介

八木彬夫（やぎ あきお）

1960年生まれ。

大学卒業後生命保険会社、外資系コンサルティング会社、飲食店経営、行政書士などを経て、現在に至る。十代よりクラシック、ビートルズなどの音楽に親しみ、自らも多くの楽器を演奏する。現在も仕事の傍ら、演奏活動を行っている。取得した特許は楽器演奏に用いるものが多い。

他の著作としてはAmazon POD（オンディマンド）から出版した『The Beatles 音源徹底分析　上・下』がある。


あなたのアイデアで特許をとろう！

ひとりでできる特許・実用新案取得のススメ　〈検印廃止〉

著　者　八木 彬夫
発行者　飯島 聡也
発行所　産業能率大学出版部
東京都世田谷区等々力6—39—15　〒158-8630
（電 話）03（6432）2536
（FAX）03（6432）2537
（振替口座）00100-2-112912

2018年7月31日　初版1刷発行

印刷所・制本所　渡辺印刷

（落丁・乱丁はお取り替えいたします）　ISBN 978-4-382-05761-6